Best of ISTANBUL

66 Highlights

Bilder von
Martin Siepmann

Texte von
Maria Mill

Stürtz

Ihren deutschen Namen verdankt die Blaue Moschee dem gemalten Dekor ihres lichtdurchfluteten, heiteren Innenraums. In der Türkei wird sie – nach ihrem Erbauer Sultan Ahmed I. (1603–1617) – Sultanahmet Camii genannt.

Best of

ISTANBUL

66 Highlights

Erste Seite: Einen besonders stimmungsvollen Blick auf die Hagia Sophia genießt man am Abend und wenn im Sultanahmet-Park vor der gleichnamigen Moschee die Fontänen aufsteigen.

Der Sofa-Kiosk im Vierten Hof des Topkapi-Serails aus dem 17. Jahrhundert besteht aus zwei Holzbauten, dem hier abgebildeten Divanhane, wo man loungte, und dem Şerbet Odası, wo man köstliches Sorbet löffelte.

Als eines der berühmtesten Wahrzeichen der Stadt überragt der Galataturm die einstige lateinisch-levantinische Kolonie Pera-Galata und das heutige Szene- und Ausgehviertel Beyoğlu.

In der Cezayir Sokağı (Algerischen Straße), die einst im Zuge einer PR-Kampagne (wenn auch nur für einige Jahre) in Französische Straße umbenannt wurde, fühlt man sich noch heute an die steilen Gassen am Montmartre erinnert.

Der Mecidiye-Pavillon, den Sultan Abdülmecid 1859 bei seinem Leibarchitekten Serkis Balyan in Auftrag gab, ist das jüngste Bauwerk im Topkapi-Palast. Er ruht auf dem Gewölbekeller des Zeltkiosks aus dem 15. Jahrhundert sowie byzantinischen Fundamenten.

ISTANBUL – EIN TRAUM VON EINER STADT

Istanbul'u dinliyorum, gözlerim kapalı ...
Ich höre Istanbul, meine Augen geschlossen.
Der kühle Basar,
Mahmutpascha mit dem Geschrei der Verkäufer,
Die Höfe voll Tauben.
Das Gehämmer von den Docks her;
Im Frühlingswind der Geruch von Schweiß.
Ich höre Istanbul, meine Augen geschlossen.
(Orhan Veli Kanık)

Ich höre „Simit, Simit, Simit!", die kräftigen kehligen Rufe kleiner Buben mit großen Tabletts voller Sesamkringel auf dem Kopf, das Hupen der Schiffssirenen in Eminönü ...

Istanbul – Das ist „der märchenhafteste Platz der Welt", „eine der schönsten Städte", „die Ewige", „die Eine", „die schnellste Metropole des Morgenlandes" und „coolste Stadt Europas". Dichter, Schriftsteller und Journalisten werden nicht müde, die Schönheit dieses

Atemberaubend: der Blick über Sultan-Ahmed-Moschee, Hagia Sophia und das darunter liegende Marmarameer.

Fläche:
1831 km²
(Großraum 5343 km²)
Einwohner:
offiziell 14,3 Millionen
geschätzt 17 bis 20 Millionen
Währung:
Türkische Lira (TL)
Lage: einzige Metropole der Welt auf zwei Kontinenten (Europa und Asien)
Stadtteile:
39 (25 Bezirke liegen auf der europäischen und 14 auf der asiatischen Seite)
Hafen:
Ambarlı Limanı, der größte Seehafen der Türkei

Die schönsten Märkte:
1. Kapalı Çarşı (Der Große Basar)
2. Mısır Çarşısı (Der Ägyptische Basar)
3. Fatih Çarşamba Pazarı (Mittwochsmarkt)

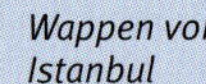

Wappen von Istanbul

Osmanische Mehter-Musik im Militärmuseum von Şişli. Einst wurde sie zu Heeresaufmärschen, Militärparaden oder zum Sonnenuntergang im Ramasan gespielt, und C.F.D. Schubart zufolge war sie so kriegerisch, dass sie „auch feigen Seelen den Busen hebt".

„Traums von einer Stadt", diesem Moloch, der „Kulturhauptstadt Europa 2010" zu beschwören. Einer Stadt auf zwei Kontinenten, die Hauptstadt dreier Weltreiche war, seit Tausenden Jahren Kulturraum dreier Weltregionen ist, eine „sterbende (?) Schöne", die schon immer Einwandererstadt war, das Paris des Mittelalters und ein Schmelztiegel der Nationen.

Wie nähert man sich einer solchen Stadt, „die so vielerlei herüberschickt in unser Abendland?", fragt Esther Gallwitz im Nachwort ihres Quellenbandes „Istanbul": Über Gedichte? Geschichte? Lieder, Erinnerungen, romantische Stahlstiche, Schwarzweißfotografien, wie es so viele einheimische Stadtchronisten und ausländische Besucher in den letzten Jahrhunderten getan haben? Auf dem See oder Landweg? Oder indem man mit dem Billigflieger ins pulsierende Nachtleben der östlichsten Metropole Europas jettet?

„Vom Wasser her, notfalls schwimmend, zur Serailspitze hin" empfiehlt Gallwitz, oder – als Alternative – durch die Luft auf fliegendem Teppich. Denn klar scheint zu sein, hier handelt es sich um eine Stadt, die seit 1500 Jahren nicht nur mit ihrer Macht, Schönheit, Wirklichkeit prunkt und protzt, sondern auch noch anderes zu uns „herüberschickte", nämlich bezaubernde Bilder von Orient, Sinnlichkeit, Lebendigkeit, von denen wir trotz aller Aufgeklärtheit nie genug zu bekommen scheinen.

Nähert man sich Istanbul von oben – gleichsam im Anflug, aus der Vogelperspektive –, erkennt man rasch und klar die geografische Besonderheit der Stadtanlage, die vor allem durch das Meer geprägt ist und die Schriftstellerin Emine Sevgi Özdamar den Satz schreiben ließ: „In Istanbul weiß man nicht, ob das Meer die Stadt in seinen Armen hält oder die Stadt das Meer."

Bei der (sehr zu empfehlenden) Annäherung per Schiff wiederum entdeckt man auf jedem Hügel ein scharf konturiertes Gebäude: die Hauptmoscheen der Stadt. Es ist diese von Pfeilern und Kuppeln bestimmte Silhouette, eine Mischung aus Topografie und Architektur, die den Anblick Istanbuls zu einem so ästhetischen und unvergesslichen Erlebnis macht.

Die strategisch günstige, weil geschützte Lage war schon dem Megaräer Byzas aufgefallen, als er die Stadt um 660 v. Chr. auf der Landzunge zwischen Goldenem Horn und Marmarameer gründete. Rasch entwickelte sich das nach ihm benannte Byzantion zum wichtigen Zentrum des griechischen Schwarzmeerhandels. Später von den Persern erobert und wieder befreit, verbündete es sich mit der neuen Großmacht Rom, um dann am 11. Mai 330 n. Chr., als Konstantin seine Hauptresidenz in die Stadt auf den beiden Kontinenten verlegte, zu Konstantinou Polis (Konstantins Stadt) zu werden. Der Kaiser ließ seine Stadt mit „Palast, vortrefflichen Gebäuden und Säulen", zum Nea Rhomē – dem neuen oder zweiten Rom – ausbauen. Und 395 stieg die Polis zur – nunmehr bereits christlichen – Hauptstadt des Oströmischen Reiches auf (während Westrom unter den anstürmenden Barbaren noch etwa 80 Jahre dahinsiechte).

In der Ära Justinians I. (527–565), des Erbauers der Hagia Sophia, erlebte die Stadt eine Blütezeit und zählte bereits mehr als eine halbe Million Einwohner. Nach ihm, der große Teile des Römischen Reiches noch einmal zurückerobern konnte, bröckelte das Imperium jedoch. Um 300 Jahre später, zwischen 867 und 1056, unter den Makedonenkaisern noch einmal höchste Macht zu entfalten. Spätere Kaiser mussten Kaufleuten aus Amalfi, Venedig, Pisa und Genua die Gründung von Handelskolonien zugestehen, was der Stadt zwar wirt-

Die Zentralkuppel der von Stararchitekt Sinan erbauten Süleymaniye wird von vier Säulen aus Alexandria, Baalbek und Konstantinopel getragen, sodass die Macht Sultan Süleymans des Prächtigen symbolisch auf den Thronen der alten Herrscher ruhte.

schaftlichen Aufschwung, ihren Kaufleuten jedoch Nachteile bescherte und letztlich den eigenen Handel schwächte. Diese Kolonien begründeten nicht nur die lange multikulturell-levantinische Tradition des Stadtteils Pera, der nun Galata hieß, sondern auch eine des Hasses und Misstrauens der Einheimischen gegenüber den Lateinern/Europäern, die sich auch unter Sultanen und Präsidenten fortsetzte. Nach der Eroberung durch das Heer des vierten Kreuzzugs 1204 (eigentlich einem von den Venezianern finanzierten Rachefeldzug gegen die Stadt) gehörte Konstantinopel bis 1261 zum Lateinischen Kaiserreich.

Vom Angriff der Kreuzfahrer konnte sich die Stadt nie mehr erholen und wurde 1453 nach mehrfacher Belagerung schließlich vom Osmanen Mehmed II. Fatih erobert. Das war ein Schock für Europa, das Konstantinopel als christliches Bollwerk gegen die Heiden betrachtete. Nun wurde das einstige „Nova Roma" Sultansresidenz und erlangte als Hauptstadt des Osmanischen Reiches gewaltige wirtschaftliche, kulturelle und politische Bedeutung. Das multikulturelle Qustantīnīya, wie man es – offiziell und arabisiert – jetzt nannte, beherrschte (nach dem Römischen, dem Oströmischen) inzwischen nun schon das dritte Imperium und Vielvölkerreich, das sich rund ums Mittelmeer über die Regionen dreier Kontinente erstreckte und von Persien bis Marokko, von der Krim bis nach Arabien reichte. Für seine Bewohner (Griechen, Osmanen, Armenier, Juden und andere) aber hieß es – nach dem griechischen Ausdruck is tin polin, „in die Stadt" – schon damals Istanbul.

Ihren Höhepunkt erklommen Reich und Stadt unter Süleyman I., dem Prächtigen (1520–1566), der der Stadt durch seinen genialen Meisterarchitekten Sinan – einem osmanischen Michelangelo – einige ihrer schönsten Moscheen (darunter Süleymaniye, Shezade) und ihre heutige kostbare Scherenschnitt-Silhouette schenkte.

Der kurz darauf einsetzende wirtschaftliche und politische Niedergang wurde durch die festliche Ära der Tulpenzeit (1718–1730) zwar unterbrochen, jedoch nicht aufgehalten. Das Reich zerfiel, Provinzen strebten nach Unabhängigkeit, europäische Mächte dehnten ihren Einfluss auf Nordafrika und den Mittleren Osten aus, und das Osmanische Reich galt als kranker Mann vom Bosporus. Die vom Sultan angestrebten Reformen (Tanzimat) verfehlten ihre Wirkung, sodass es 1875 zum Staatsbankrott kam. Nach dem verlorenen Ersten Weltkrieg an der Seite der Mittelmächte lag das Osmanische Reich endgültig am Boden.

In der Zeit der höchsten Not jedoch, als die Türken auch in ihrem Kernland von den Alliierten bedrängt wurden, organisierte Mustafa Kemal von Ankara aus den Widerstand und den Sieg der Nationalisten. Atatürk (wie Kemal sich nun nannte) rief die türkische Republik aus und schuf einen nach westlichem Vorbild geformten laizistischen Staat mit der Hauptstadt Ankara. Istanbul geriet bei diesem Neuanfang ins Hintertreffen und wurde nach mehr als eineinhalb Jahrtausenden auf den zweiten Platz verwiesen. Denn es war mit dem Sultanat assoziiert, und alles Osmanische war in der neuen Zeit verpönt, da es als rückständig und altmodisch galt. Dennoch blieb die Stadt wirtschaftliches und kulturelles Zentrum.

Im Jahr 1930 verlor die Stadt ihren alten Namen Konstantinopel und hieß nun auch offiziell Istanbul. 1955 führten Zypernkrise und die Hetze nationalistischer Politiker zu einem Pogrom gegen Andersgläubige, bei dem Wohnungen und Geschäfte geplündert und 15 Menschen getötet wurden. Danach verließen die meisten Istanbuler Griechen (etwa 50 000) ihre 1500 Jahre alte Polis.

Istanbul (nicht etwa Amsterdam) ist die wahre Heimat der Tulpe und der Tulpenmanie. Allein wegen der Tulpenblüte (hier vor der Yeni Cami in Eminönü) lohnt es sich, der Stadt im April einen Besuch abzustatten.

Da die Regierungen (auch in republikanischen Zeiten) bis heute nichts für die anatolische Provinz tun, kommt die Provinz in die Stadt. Mit dem Einsetzen der Industrialisierung in den 1960er-Jahren führt die Landflucht zum immer ungebremsteren Wachstum weniger Städte und vor allem Istanbuls.

Die Stadt, die bereits um das Jahr 1000 schon einmal fast Millionenstadt war, wächst von 900 000 in 1914 auf eine Million (1950), auf fünf (in 1980), aus denen bis 2014 offiziell 14,3 Millionen (tatsächlich wohl eher 17) geworden sind. Eine Megacity wie Tokio, Jakarta, Manila mit all den damit verbundenen Problemen – eine Stadt unglaublicher sozialer und kultureller Gegensätze, wo nur wenige hundert Meter die tief verschleierten Frauen von Fatih und Fener von den nach internationaler Mode gekleideten Schönen von Beyoğlu und Nişantaşı trennen.

Doch das Wachstum hat noch hässlichere Seiten: Tausendjährige Geschichte kämpft verzweifelt gegen die Menschenmassen an. Und während die Geschichte immer mehr verblasst, werden die Menschen aggressiver, zünden die alten Holzhäuser an, um neue Villen zu errichten, schlagen Betonschneisen durch alte Viertel. Kein Wunder, dass die Verslumung alter, von ihren Bewohnern verlassener Viertel wie Fener und Balat und das Wuchern elender Gecekondu-Siedlungen an den Stadträndern die eingeborenen Istanbuler immer lauter aufseufzen lässt „über das kulturlose, konservative Bauernvolk, das über die Stadt hereinfällt“ – nur dass eben alles, wie immer, viel komplizierter ist.

GLEICHZEITIGKEIT DES UNGLEICHZEITIGEN

Elif Shafak findet ein schönes Bild für die Gleichzeitigkeit des Ungleichzeitigen in Istanbul, indem sie die Stadt als Matroschka beschreibt, ein Gebilde, das wie die russischen Puppen vier Städte in sich berge: Die Stadt derer, die sie verlassen und ihren Besitz zurückgelassen haben – Kirchen, Synagogen, die Jugendstilvilla einer levantinischen Familie –, an denen die gewöhnlichen Istanbuler achtlos vorübergehen. Dann das Istanbul jener, die sich in den letzten 50 Jahren hier niederließen, aus fernen anatolischen Dörfern in die Stadt zogen, deren Straßen angeblich mit Gold gepflastert sind; sie sind die Nachzügler, die ohne Interesse an der reichen Vergangenheit der Stadt nur die eigene Zukunft im Blick haben. Schließlich das Istanbul der gebürtigen Istanbuler, die die Stadt durch den Schleier der Nostalgie betrachten – wie Nobelpreisträger Orhan Pamuk, einem Großmeister von deren spezifisch türkischer Spielart, dem Hüzün. Und schließlich – wir, die Besucher, die diese Drehscheibe zwischen West und Ost, diesen Treffpunkt der Welten gerade wegen seiner Widersprüche, seiner spannungsgeladenen Dynamik so schätzen.

Alle zusammen machen den Pulsschlag dieser Stadt aus. Also auf nach Istanbul! Besuchen Sie eine nicht totzukriegende „Schöne“, erleben Sie alle vier Städte. Und lassen sie sich ein auf „die Stadt“, damit auch Sie sagen können: *Istanbul'u dinliyorum.*

„Gott ist schön“ – und Gott betrachten, heißt die Schönheit betrachten. Iznik-Fayencen in der Rüstem-Pascha-Moschee im Istanbuler Stadtteil Eminönü.

Das asiatische Kadıköy besitzt einen bekannten Fischmarkt, auf dem – von Touristen weitgehend unbehelligt – die Einheimischen ihre Alltagseinkäufe besorgen.

Millionen von Tulpen Hunderter verschiedener Sorten werden Jahr für Jahr in Istanbul gepflanzt. Der Emirgan-Park ist ein wichtiger Veranstaltungsort des alljährlich stattfindenden Internationalen Tulpenfestivals.

Eindrucksvoll ist die dem Bosporus zugewandte Seite des „neuen“ Dolmabahçe-Palasts, den sich Sultan Abdülmecid 1843 bis 1856 in üppigem historistischem Mischstil und mit modernster technischer Ausstattung von der Architektenfamilie Balyan errichten ließ.

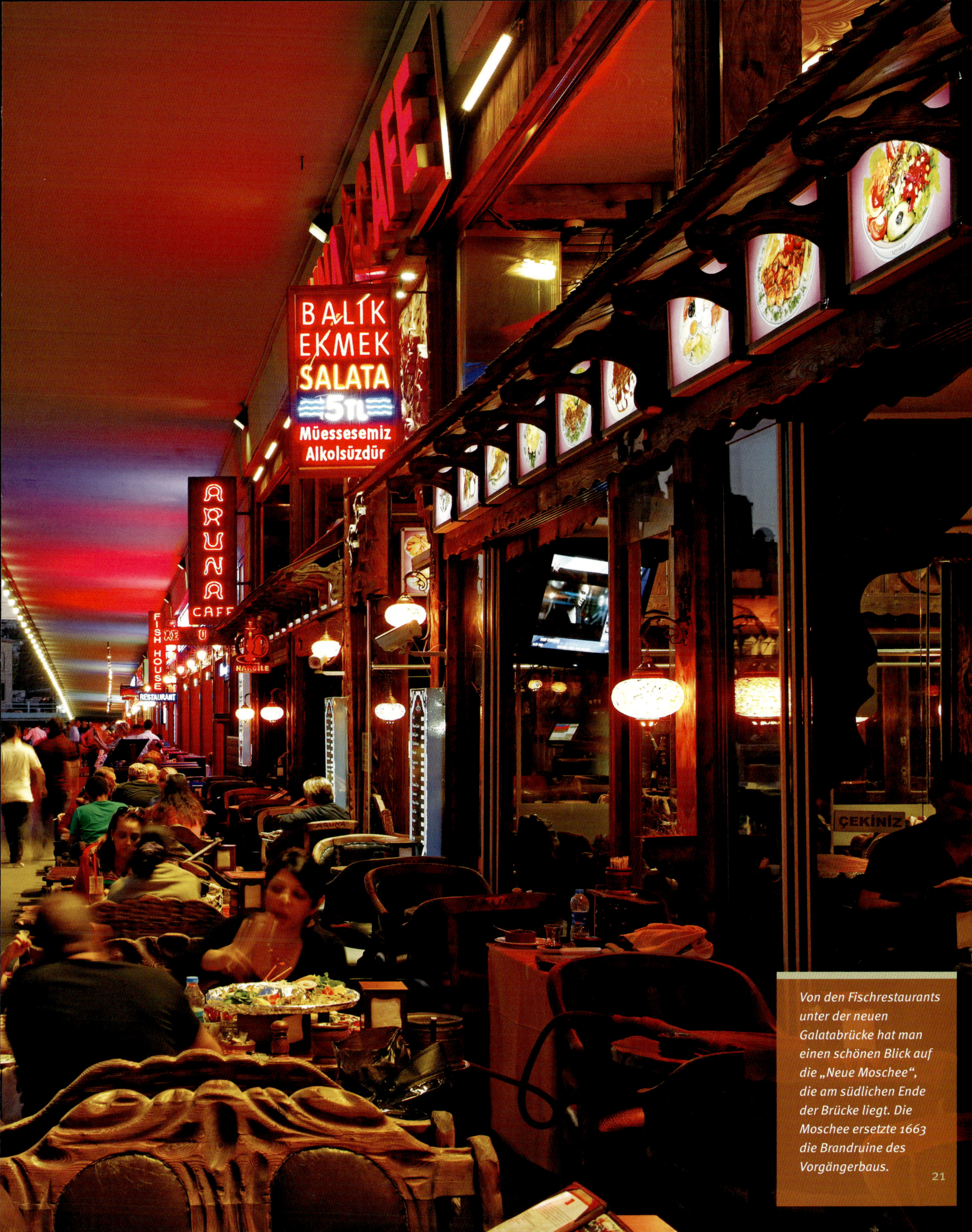

Von den Fischrestaurants unter der neuen Galatabrücke hat man einen schönen Blick auf die „Neue Moschee", die am südlichen Ende der Brücke liegt. Die Moschee ersetzte 1663 die Brandruine des Vorgängerbaus.

DAS ALTE HERZ DER STADT

Auf der Landzunge zwischen Marmarameer und Goldenem Horn liegt die Keimzelle und das historische Zentrum der Stadt. Hier entstand vor 2600 Jahren die erste antike Akropolis des griechischen Stadtgründers Byzas, an deren Stelle Konstantin der Große später seinen (längst zerstörten) Palast, ein Forum und eine Pferderennbahn setzte. Auch Konstantins Palast musste einem anderen weichen, dem Topkapı Sarayı, der ab 1459 von Mehmed II. und seinen Nachfolgern erbaut wurde, und heute mit eines der bedeutendsten Architekturzeugnisse der Renaissance in Europa sowie ein Museum mit reichen Sammlungen ist.

Überhaupt wirkt das gesamte Viertel rund um den Topkapi-Palast wie ein riesiges Freiluftmuseum. Über viele Jahrhunderte war die Sarayspitze Regierungssitz, Herrscherresidenz und religiöses Zentrum, und byzantinische Kaiser und osmanische Sultane ließen hier ihre bedeutendsten Bauten errichten: Kirchen wie die Hagia Sophia, Hagia Irene oder die Chora-Kirche; Moscheen wie die Sultanahmet, Nuruosmaniye, Süleymaniye, Rüstem Paşa, Beyazıt oder auch die Mihrimah Sultan Camii in der Nähe der Theodosianischen Landmauer. Diese ersetzte nämlich seit dem 5. Jahrhundert wegen des damals schon ausufernden Wachstums der Stadt die ältere Konstantinische. Der Wall galt als ausgeklügeltste und größte Befestigungsanlage der Spätantike, konnte die Stadt bis zur Mitte des 15. Jahrhunderts vor ihren Feinden schützen und wird noch heute von den Bewohnern als Lagerraum, Begrenzungsmauer, Autowerkstätte genutzt und lädt Touristen zum Mauerspaziergang ein.

Oben:
Blick von Beyoğlu über das Goldene Horn auf die Istanbuler landmarks Hagia Sophia und Sultan-Ahmed-Moschee.
Von links nach rechts:
Zentralkuppel der Sultan-Ahmed-Moschee. – Der Gülhane-Park auf der Serailspitze gehörte einst zum Garten des Topkapi-Palasts. – Gasse im Großen Basar.

Sultan-Ahmed-Moschee **Gülhane-Park** **Großer Basar**

Eine Metropole wie Konstantinopel-Istanbul benötigte und benötigt natürlich auch eine hervorragende Infrastruktur – insbesondere da die Halbinsel, auf der Byzantion gegründet wurde, keine Wasservorkommen besaß. Historische Höchstleistungen in Wasserleitungs- und Speicherbau lassen sich bis heute in der berühmten Basilika-Zisterne (Yerebatan Sarayı), der Philoxenos-Zisterne (Binbirdirek) direkt hinter der Blauen Moschee, dem Valens-Aquädukt oder auch im Roxelane-Bad bewundern.

IM LABYRINTH DER GASSEN

Nicht minder bedeutsam für die ökonomische Basis der Stadt waren und sind die Märkte, allen voran das überdachte Gassenlabyrinth des Großen Basars (Kapalı Çarşı), seit mehr als 500 Jahren bedeutendes Handelszentrum und wimmelnder Treffpunkt und Umschlagplatz für Menschen und Waren. Ursprünglicher und daher auch für Touristen interessant sind der Mittwochsmarkt in den Gassen rund um die Fatih-Moschee sowie der Ägyptische Basar (Gewürzmarkt) bei der Yeni Cami am Goldenen Horn.

Wer den Touristenmassen zwischen Topkapi-Palast und Großem Basar entkommen will, dem sei ein Abstecher zur Chora-Kirche an der Landmauer empfohlen sowie ein Spaziergang durch die engen, verwinkelten Gassen der Viertel Balat und Fener am Goldenen Horn, die – einst von wohlhabenden Juden und Griechen bewohnt – seit den 1960er-Jahren verfielen und inzwischen, mit EU-Geldern saniert, junge Künstler und Designer anziehen.

GPS: 41° 0' 30" N, 28° 58' 50" O

1 Hagia Sophia

„Salomo, ich habe dich übertroffen" soll der begeisterte Justinian am 27. Dezember 537 ausgerufen haben, als er die neue „Kathedrale der heiligen Weisheit" einweihte. Nach sechs Jahren hatten die Architekten Isidor von Milet und Anthemios von Tralleis den Bau vollendet, der fast 1000 Jahre lang die bedeutendste Kirche der Christenheit bleiben sollte. Nach der osmanischen Eroberung 1453 wurde sie für die nächsten 500 Jahre Moschee und durch Minarette und andere islamische Elemente wie Mihrab, Sultansloge, Koranverse ergänzt. 1934 wandelte Atatürk sie in ein Museum um. Ihr Ruhm gründet sich vor allem auf die mächtige Kuppel, die gleichsam schwerelos „an goldener Kette vom Himmel herabhängt" und zum architektonischen Vorbild für alle Sultansmoscheen wurde. 40 Fensteröffnungen allein an der Kuppelbasis bewirken, dass in dem lichtdurchfluteten Raum alles zu schweben scheint, während sich in den Goldplättchen der Mosaiken das Sonnenlicht bricht und das Mauerwerk fast durchscheinend wirken lässt.

1: Buntglasfenster mit arabischer Kalligrafie in der Apsis der Hagia Sophia

2: Das Omphalion – in einem Rechteck angeordnete Marmorscheiben im Fußboden – bezeichnet den Ort, an dem die Krönung der byzantinischen Kaiser stattfand.

3: Die auf Pendentifs zwischen vier Pfeilern ruhende Zentralkuppel überwölbt das Hauptschiff der Hagia Sophia.

4: Seraph in einem der vier Pendentifs unter der Hauptkuppel, dessen Gesicht bis zur Wiederentdeckung 2009 schwarz übertüncht war.

5: Der „Schwitzenden Säule" in der Nordwestecke der Hagia Sophia wird heilende Kraft zugesprochen, seit Justinian hier Linderung seiner Kopfschmerzen fand.

Ayasofya Müzesi, Ayasofya Meydanı, Sultanahmet, Fatih, İstanbul
Telefon: +90 212 522 17 50
geöffnet täglichSommer (15. April bis 1. Oktober): 9 bis 19 Uhr
Winter (1. Oktober bis 15. April): 9 bis 17 Uhr

1

2

Sultansloge und Mihrab wurden von den Gebrüdern Fossati geschaffen, die um die Mitte des 19. Jahrhunderts mit der Restaurierung der Hagia Sophia beauftragt waren.

GPS: 41° 0' 35" N, 28° 58' 52" O

2 Hagia Irene

Die Hagia Irene (Irenenkirche), einer der ältesten Sakralbauten der Stadt, diente vor der Hagia Sophia als Kathedrale Konstantinopels und wurde wie diese während des Nika-Aufstands von 532 Opfer der Flammen. Die unter Justinian I. (und nach dem Erdbeben von 740 ein zweites Mal) wiederaufgebaute Kirche hat ihre Gestalt bis heute kaum verändert. Da sie schon bald nach der osmanischen Eroberung innerhalb der Mauern des Topkapi-Palasts lag, wurde sie nicht in eine Moschee umgewandelt, sondern diente den Janitscharen als Waffenarsenal. Seit 1846 war sie dann Museum, seit 1973 Veranstaltungsort für klassische Konzerte, in dem seit 1980 das Istanbuler Musikfestival stattfindet.

Architektonisch besteht die Irenenkirche aus einem dreischiffigen Langhaus mit einem kuppelüberdachten Zentralraum. Sie ist eine kleinere Variante der zeitgleich entstandenen Hagia Sophia und wie diese ein Beispiel für den Übergang des Basilikalgrundrisses zum Zentralbau in Form eines griechischen Kreuzes.

Bemerkenswert im Vergleich zu ihrer größeren Schwester ist die Nüchternheit ihrer Mosaik- und Marmorausstattung. So ist etwa das Apsisgewölbe mit einem schlichten Kreuz auf Goldgrund geschmückt. Der Grund: Die Innenausstattung stammt aus der Zeit des Ikonoklasmus im 8. Jahrhundert, als jeglicher Bildschmuck verpönt war.

1: Blick von der Altstadt auf die Irenenkirche
2: Hagia Irene, die Kirche des göttlichen Friedens, steht seit den 1460er-Jahren, als Mehmed Fatih hier seine Sultansresidenz errichten ließ, im ersten Hof des Topkapı Sarayı.

Aya İrini, Topkapı Sarayı Müzesi, Fatih, İstanbul
Telefon: +90 212 512 04 08
geöffnet Mittwoch bis Montag 9 bis 17 Uhr

GPS: 41° 0' 42" N, 28° 58' 53" O

3 Archäologische Museen

1896 vom türkischen Archäologen und Maler Osman Hamdi Bey (1842–1910) gegründet, liegen die Archäologischen Museen zwischen dem Topkapi-Palast und dem Gülhane-Park, der einst der Palastgarten war. Drei hochkarätige Sammlungen verteilen sich heute auf ebenso viele Gebäude. Die altorientalischen Stücke aus Mesopotamien und Ostanatolien sind in der einstigen Kunstakademie von 1883 (im *Eski Şark Eserleri Müzesi*) untergebracht, deren Eingang von zwei Basaltlöwen flankiert wird und zu deren herausragenden Funden neben Monumentalskulpturen auch der Vertrag von Qadesh gehört (eine hethitische Keilschrifttafel mit dem ältesten bekannten schriftlichen Friedensvertrag der Welt zwischen dem Hethiterreich und Pharao Ramses II.).

Das *Arkeoloji Müzesi* im imposanten dreiflügeligen Bau des französischen Architekten Valaury beherbergt großartige griechische und römische Antiken aus Kleinasien und dem Nahen Osten; einzigartig darunter die Funde aus Sidon – insbesondere der meisterhafte Alexandersarkophag –, die Osman Hamdi Bey persönlich im Libanon ausgrub. Im Teegarten des Museums kann man im Schatten der Bäume unter Säulentrümmern und Skulpturresten herrlich entspannen.

Im *Fayencenpavillon (Çinili Köşk)*, dem dritten Gebäude des Museumskomplexes und ältesten des Topkapi-Palasts, befindet sich die Keramiksammlung mit kostbaren Stücken aus Iznik und Kütahya sowie seldschukischen Wandfliesen.

3: Sidamara-Sarkophag aus dem 3. Jahrhundert v. Chr. im Arkeoloji Müzesi
4: Çinili Köşk (Fayencenpavillon)

Eski Şark Eserleri Müzesi/Museum für Altorientalische Kulturen, Arkeoloji Müzesi/Museum für Klassische Altertümer Çinili Köşk/Fayencenpavillon, Fatih, Istanbul
Telefon: +90 212 512 04 08
geöffnet Mittwoch bis Montag 9 bis 17 Uhr

Im dritten Hof des Topkapi-Serails befand sich neben den Privatgemächern des Sultans und seiner Haremsdamen auch die sogenannte Schatzkammer, die noch heute Schätze aus Gold, Edelstein und anderen Kostbarkeiten beherbergt.

GPS: 41°0' 46" N, 28° 59' 0" W

4 Topkapi-Palast

Sechs Jahre nach der Eroberung Konstantinopels begann Sultan Mehmed II. Fatih im Jahr 1459 mit der Erbauung des (wörtlich Kanonentor-)Palasts, der vier Jahrhunderte lang Residenz und Machtsitz der Sultane bleiben sollte – und heute Museum und eines der bedeutendsten Architekturzeugnisse der Renaissance in Europa ist. Die Anlage mit vier hintereinanderliegenden Höfen geht noch auf Mehmed II. zurück, wurde jedoch von den Nachfolgern renoviert und erweitert. Durch das Bab-ı Hümayun (Großherrliches Tor) betritt man den ersten Hof im äußeren Palastbereich. Ihm gegenüber befindet sich der Schalter für die Eintrittskarten, neben dem sich das Bab-üs Selam (Tor der Begrüßung) auf den zweiten Hof öffnet. Hier war einst das politische Zentrum, hier lagen Staats- und Verwaltungsräume wie das Kubbe Altı, wo sich der Staatsrat, der Divan, versammelte. Durch das Bab-üs Saade (Tor der Wonne) gelangt man in den dritten Hof, der unter anderem die Palastschule beherbergte und – bis heute – die Schatzkammer. Im terrassenartig angelegten vierten Hof befinden sich weitere Gärten sowie bedeutende Lustpavillons. Auf Bitten seiner Lieblingsfrau Roxelane verlegte Süleyman der Prächtige den Harem gegen Ende des 16. Jahrhunderts in den Topkapi-Palast, sodass neben zweitem und drittem Hof im Lauf der Zeit ein Labyrinth von über 300 Räumen für mehr als 1000 Odalisken, die Sultansmutter und die Eunuchen entstand.

1: Eingang zum Divan im zweiten Hof des Topkapi-Palasts
2: Revan-Kiosk im vierten Hof
3: Bagdad-Pavillon Murads IV. im vierten Hof
4: Mit Kütahya- und Iznikfliesen ausgeschmückte Halle im Harem
5: Gemächer der Sultansmutter im Harem

Topkapı Sarayı Müzesi, Sultanahmet, Fatih, İstanbul
Telefon: +90 212 512 04 80
geöffnet Mittwoch bis Montag 9 bis 17 Uhr

3

4

5

511

Der Salon Sultan Murads III. im Harem des Topkapi-Palasts gilt vor allem wegen der Qualität der Keramik und Wandmalereien als eine Perle osmanischer Kunst.

GPS: 41°0' 45" N, 28° 58' 50" O

5 Gülhane-Park

Unterhalb des Topkapi-Serails erstreckt sich über die Abhänge des antiken Burghügels der Gülhane Parkı („Rosengarten-Park"), der sich früher innerhalb der befestigten Saray-Anlage befand. Sultan Mehmed V. schenkte ihn 1912 der Stadt, er wurde zum Volkspark, und wo einst ritterliche Spiele und Bogenschießwettbewerbe stattfanden, gibt es heute Livekonzerte, gehen Liebespaare spazieren, picknicken Familien. Umgeben von zinnenbewehrten Mauern, die etwa die Grenzen des alten Byzantion markieren, betritt man den Park durch das Soğuk Çeşme Kapısı (Tor des kalten Brunnens), neben dem sich auf einem Mauerturm der „Pavillon der Festaufzüge" befand, der so hieß, weil der Sultan von hier aus Umzüge und Paraden, allerdings auch den Amtssitz seines Großwesirs, die „Hohe Pforte", beobachten konnte.

1: Gülhane-Park während des Tulpenfestivals im April

2: Durch einen See aus Traubenhyazinthen pflügen diese Fischskulpturen im Gülhane-Park.

3: Die 15 Meter hohe Gotensäule, auf der einst eine Statue des Stadtgründers Byzas gestanden haben soll, erinnert an einen Sieg Ostroms über die Goten.

3

1

2

Tipp: An der Nordspitze des Parks die herrliche Aussicht über den Bosporus bei einem Kaffee oder einer Tasse Tee im Teegarten Setüstü Çay Bahçesi genießen.

GPS: 41° 0' 54" N, 28° 58' 37" O
Sirkeci garı

6 Tanzende Derwische

Spiritualität und Ekstase sind das Ziel der tanzenden Derwische, wenn sie sich in ihren weiten weißen Mänteln und hohen Filzhüten auf dem Kopf mal langsam, mal schnell (in Herzrichtung) im Kreise drehen. Um nichts weniger als die mystische Vereinigung mit Gott und das Absterben des eigenen Egos geht es in ihrem Sema-Ritual; und der Filzhut symbolisiert den Grabstein des Ichs. Der Orden der tanzenden Sufi-Mystiker wurde 1284 in Konya in Berufung auf Mevlana („unseren Herrn") Dschalal ad-Din Rumi gegründet. Da die Gemeinschaft sowohl durch ihre freiheitliche Lehre als auch durch karitative Einrichtungen wie Armenküchen großen politischen Einfluss besaß und zuweilen als Keimzelle für Verschwörungen galt, ließ Republikgründer Kemal Atatürk 1925 alle Sufi-Tekkes schließen und den Orden verbieten. Ab 1954 jedoch gestattete man, am Jahrestag von Rumis Tod am 17. Dezember in Konya eine Sema durchzuführen. Seit den 1980er-Jahren erleben der Orden und sein Gründer eine Renaissance in der Türkei und weltweit. Dennoch werden Aufführungen (wie hier im historischen Sirkeci-Bahnhof in Istanbul) lediglich wegen der Touristen geduldet, die sich für diese geheimnisvolle Seite des Islam interessieren. Offiziell sind sie nach wie vor verboten.

4: Begleitet vom Klang der Flöte, Zither und Trommel drehen sich die Derwische um die eigene Achse. Aufgrund der geneigten Kopfhaltung und spezieller Fußtechnik können sie so eine Stunde lang weiterkreisen – bis zur mystischen Entrückung.

Divan Edebiatı Müzesi, Galipdede Caddesi 15, 34420 İstanbul

Vorführungen Samstag und Dienstag

Sema-Termine sind am Eingang angeschlagen, telefonisch zu erfragen unter: +90 212245 41 41.

4

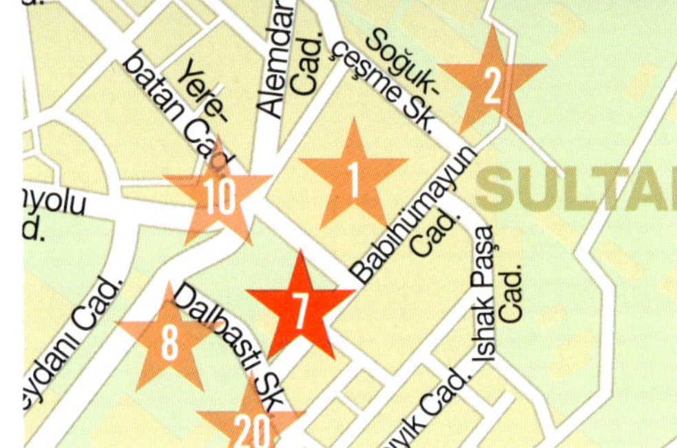

GPS: 41° 0' 25" N, 28° 58' 44" O

7 Roxelane-Bad

Das Roxelane-Bad (Haseki Hürrem Hamamı), zwischen Hagia Sophia und Blauer Moschee gelegen, ist eine Stiftung der Gattin Süleymans des Prächtigen, die im Westen – nach ihrer angeblichen Herkunft von den Skythen oder Roxolanen – Roxelane genannt wurde. Haseki Hürrem, wie sie dagegen auf Türkisch heißt, war je nachdem, auf welche Quelle man sich beziehen will, eine polnische, ruthenische oder russische Priestertochter namens Anastasia oder Aleksandra Lisowska, die als Sklavin in den Harem geriet und dort zur Lieblingsfrau und Beraterin Süleymans aufstieg. Sie war die erste Sklavinkonkubine, der es gelang, vom Sultan zuerst freigelassen und schließlich sogar geheiratet zu werden. Das Bad ist ein Werk von Süleymans Meisterarchitekt Sinan, der hier allerdings nicht in der üblichen Weise verfuhr und Männer- und Frauenbad nebeneinander, sondern auf einer Achse hintereinander anordnete. Beide Abteilungen bestehen aus je drei Räumen: Umkleide (soyunmalık), Abkühlraum (soğukluk, Frigidarium) und feuchtheißem Wärmeraum (sıcaklık, Caldarium).

Das Gebäude war lange geschlossen, wurde als Lager und als Teppichladen benutzt und schließlich 2011 nach 105 Jahren wieder seiner ursprünglichen Bestimmung zugeführt.

1: Die große Kuppel, die das Caldarium der Männer überwölbt, besitzt kleine Glasfenster, um von oben ein angenehmes Dämmerlicht zu erzeugen. Das achteckige Marmorpodium darunter, auf dem man herumfläzt oder sich massieren lässt, heißt göbek taşı oder Nabel-Stein.

2: Vor- oder Umkleideraum im Roxelane-Bad

Haseki Hürrem Hamamı, Kabasakal Caddesi 1-27, Cankurtaran, Fatih, İstanbul
Telefon: +90 212 517 35 35
geöffnet Montag bis Sonntag: 8 bis 20 Uhr
www.ayasofyahamami.com

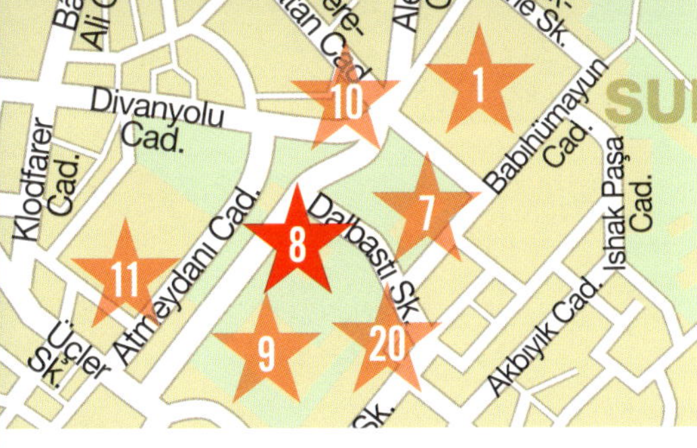

GPS: 41° 0' 23" N, 28° 58' 33" O

8 Hippodrom

Das Hippodrom war die elliptische Pferderennbahn des antiken Konstantinopel, die Septimius Severus 203 erbauen und Konstantin der Große auf 400 Meter Länge und 150 Meter Breite erweitern ließ. Auf seinen zweistöckigen Tribünen fanden bis zu 150 000 Menschen Platz und im Jahr 330 wurde in diesem „Stadion", das von seiner ganzen Anlage her dem Circus Maximus in Rom entsprach, das Gründungsfest der neuen Hauptstadt Konstantinopel gefeiert. Mauerreste des großen Halbrunds am Südwestende der Rennbahn sind noch heute in der Nähe der Küçük Ayasofya zu sehen. Da sich die Zuschauer der Wagenrennen mit den konkurrierenden und nach Farben benannten Rennparteien identifizierten wie heute die Fußballfans mit ihren Teams, entwickelte sich das Hippodrom zu einem Forum des Volkswillens, aus dem sich 532 der Nika-Aufstand entwickelte, bei dem Justinian auf der Rennbahn 30 000 Aufständische niedermetzeln ließ.

Unter den Osmanen wurde das Hippodrom zum Aufmarschplatz für die Janitscharen und hieß nun At meydanı („Rossplatz") – 1826 kam es zu einem zweiten Blutbad, als nämlich Sultan Mahmud II. das aufbegehrende Janitscharenkorps, dessen Auflösung er vorher angeordnet hatte, hier zusammenschießen ließ.

3: Von den Denkmälern, die einst das Hippodrom schmückten, sind noch drei in situ erhalten: Schlangensäule, gemauerter Obelisk und der abgebildete ägyptische Obelisk (Dikilitaş), den Kaiser Theodosius I. im Jahr 390 aus Karnak in seine Hauptstadt schaffen ließ.

4: Den „Deutschen Brunnen" (Alman Çeşmesi) schenkte Kaiser Wilhelm dem Sultan Abdülhamid II. bei seinem Staatsbesuch 1895.

At Meydanı, At Meydanı Caddesi, Fatih, İstanbul

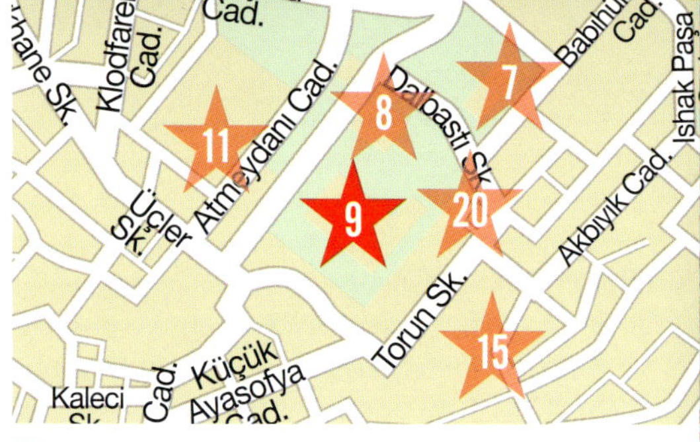

GPS: 41° 0' 19" N, 28° 58' 37" O

9 Blaue Moschee

Die Blaue Moschee, nach ihrem Erbauer Sultan Ahmed I. (1603–1617) auch Sultanahmet Camii genannt, ist das berühmteste osmanische Bauwerk Istanbuls. Der gewählte Standort, das Hippodrom, forderte zum Vergleich mit der benachbarten Hagia Sophia heraus, mit der sie es an Größe und Baumasse, wenn auch nicht an Kuppelhöhe und -durchmesser aufnehmen kann. Der Architekt Sedefkar Mehmed Aga schuf ein postklassisches Gebäude, das vor allem durch seinen weiten und lichtdurchfluteten Innenraum und die Fülle der Fliesen und Fenster beeindruckt. 21 000 Iznikfliesen schmückten ursprünglich die Wände, sodass sich die Massenfertigung teilweise auf die Qualität auswirkte und man neben makellosen Fliesen auch mittelmäßige Ware sieht. Beeindruckend sind auch der große Vorhof mit Reinigungsbrunnen und vor allem die sechs Minarette, an der die Blaue Moschee schon von weitem zu erkennen ist.

1: Detail mit Iznik-Fayencen in der Blauen Moschee
2: Hauptkuppel der Blauen oder Sultan-Ahmed-Moschee

1

2

Während der Gebetszeiten für Nichtmuslime geschlossen

Mai bis Oktober: Sound & Light Show, siehe Schautafeln

Mit ihrem Stufenbau und den sechs Minaretten prägt die Blaue Moschee das Bild der Stadt. Gesehen von der Dachterrasse des Seven Hills Hotel.

EFES

GPS: 41° 0' 31" N, 28° 58' 42" O

10 Basilika-Zisterne

Da Byzanz beziehungsweise Konstantinopel auf einer Landzunge ohne eigene Wasserquellen gegründet wurde, war die Wasserversorgung, der Bau von Wasserleitungen und Speichern von Anfang an von größter Bedeutung. Die türkische Bezeichnung der Zisterne als Yerebatan Sarayı, das heißt „versunkener Palast“, gibt treffend die märchenhaft anmutende Atmosphäre dieses sich geheimnisvoll im Wasser spiegelnden Säulenwalds wieder.

Ganz praktisch versorgte die Zisterne, die um 542 von Justinian erbaut wurde, das unterhalb des Valens-Aquädukts gelegene Viertel um die Hagia Sophia und den Kaiserlichen Palast. Sie stellte die Unterkonstruktion eines von Säulen gesäumten Hofes einer Basilika dar, der sie ihren Namen verdankt. Auf einer Fläche von 138 mal 65 Metern stehen 336 (12 mal 28) Säulen, die ein bis zu acht Meter hohes Gewölbe tragen.

Die Basilika-Zisterne ist eine von vielen, aber die einzige, die bis in die jüngste Vergangenheit in Gebrauch blieb. Sie versorgte den Topkapi-Palast, Bewohner darüberliegender Häuser zapften sie direkt an, Abenteuerlustige erkundeten sie mit dem Schlauchboot – bis sie 1989 der Öffentlichkeit zugänglich gemacht wurde.

1: Die Legende, der zufolge die Hagia Sophia über einer riesigen Zisterne errichtet worden sein soll, auf der sogar Schiffe verkehrten, bezieht sich wahrscheinlich auf die unweit der Kirche gelegene Basilika-Zisterne.

2: Das kopfstehende Medusenhaupt – eine antike Spolie – bildet den Sockel einer Säule und wurde erst bei den letzten, zwischen 1985 und 1988 durchgeführten Restaurierungsarbeiten gefunden.

Yerebatan Caddesi 13, Fatih, İstanbul
geöffnet täglich 9 bis 17.30 Uhr

1

2

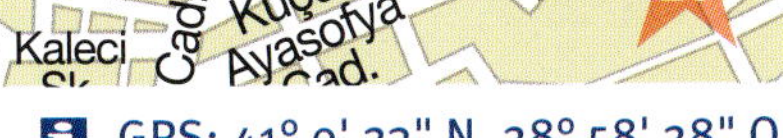

GPS: 41° 0' 23" N, 28° 58' 28" O

11 Museum für türkische und islamische Kunst

Zwischen Hippodrom und Divan Yolu stößt man nicht nur auf byzantinische Mauerreste, sondern direkt gegenüber der Blauen Moschee auch auf das imposante und wichtige Gebäude des Ibrahim-Pascha-Palasts, der heute das überaus sehenswerte *Türk ve Islam Eserleri Müzesi* beherbergt. Ibrahim Pascha, ein Jugendfreund und Günstling Sultan Süleymans wurde von diesem nicht nur bald nach dessen Regierungsantritt zum Großwesir ernannt, sondern erhielt auch – zur Hochzeit mit Hatice Sultan, der Schwester Süleymans – besagten Palast zum Geschenk. Ibrahim baute ihn zur größten Privatresidenz des osmanischen Reiches aus, und auch sonst scheint ihm die Macht zu Kopfe gestiegen zu sein. Dies blieb nicht ungestraft: 1636 fiel er, nachdem er wieder einmal mit dem Sultan gespeist hatte (was ein absolutes Privileg war), den Stummen in die Hände (Eunuchen, denen man die Zunge herausgeschnitten hatte, damit sie ihre Taten nicht verraten konnten). Er wurde von ihnen erdrosselt. In den Schauräumen des Palasts, der sich um mehrere Höfe gruppiert, wird die Entwicklung von Handwerk und Kunsthandwerk vom 8. Jahrhundert bis heute dokumentiert, im Erdgeschoss kann man die Wandlungen des türkischen Wohnstils vom Zelt bis zu den Prunkvillen des 19. Jahrhunderts bewundern.

3: Koranhandschrift, Ende 14. Jahrhundert, Ibrahim-Pascha-Palast

4: Osmanische Miniaturen aus dem 19. Jahrhundert, Ibrahim-Pascha-Palast

5: Mit 1700 Exemplaren präsentiert das Museum eine der weltweit wichtigsten Teppichsammlungen.

Ibrahim Paşa Sarayı, At Meydani Sok. 46, 34200 Fatih, İstanbul
Telefon: +90 212 518 18 05-06
geöffnet Dienstag bis Sonntag 9 bis 18.30 Uhr

GPS: 41° 1' 20" N, 28° 56' 50" O (1)

12 Istanbuler Spezialitäten

Ob in der İstiklal Caddesi, am Fähranleger in Eminönü, auf den Prinzeninseln, überall locken kulinarische Verführungen: Miesmuschelspieße mit Knoblauchmayonnaise, goldgelbe Maiskölbchen, geröstete Kastanien, die allgegenwärtigen Sesamkringel. Istanbul ist ein Dorado des Streetfoods – und alles ist würzig, köstlich, frisch. Allerdings gibt es hier neben dem üblichen Angebot: Balık Ekmek (Fischbrötchen), Lahmacun und Gözleme auch Exotischeres wie Kokoreç, gebratenen Schafsdarm in der Semmel – eine armenische Spezialität, die wie so vieles mit Händlern, Eroberern, Glückssuchern aus den ehemaligen oder noch vorhandenen Provinzen dieses weiten Landes in die Stadt gelangte.

Appetit holt man sich auf den Wochenmärkten in Kadıköy oder Fatih, dem Fischmarkt in Beyoğlu, wo sich Granatäpfel und Pfirsiche zu Pyramiden türmen, die Kiemen silbrig glitzernder Fische rot leuchten vor Frische.

Darüber hinaus locken noch all die Süßigkeiten am Wege, Cafés und Patisserien, Pudding- und Bonbonläden mit göttlichen Profiterol, Baklava, Halva, Reis-Muhallebi.

Und wer am Abend noch Hunger hat, kann sich in unzähligen hervorragenden Restaurants (wie etwa in denen von Musa Dağdeviren in Kadıköy) verwöhnen lassen.

1: Bonbons und Süßigkeiten in allen Farben und Härtegraden – in Istanbul kommt jeder „süße Zahn" auf seine Kosten.

2: Die besten Fischsemmeln gibt es am Goldenen Horn.

Tipp: Wer es gesellig und volkstümlich liebt, sollte unbedingt in eine Istanbuler Meyhane (Rakı-Kneipe) einkehren, um sich dort zur „Löwenmilch" (so nennt man den mit Wasser verdünnten Rakı) die ganze Auswahl traditioneller Vorspeisen servieren zu lassen, von Melone bis Zigarren-Börek, von Muhammara bis Tintenfischsalat.

Das „Ciya Kebap" von Musa Dağdeviren: *www.ciya.com.tr/index.php*

Fatih Çarşamba Pazarı (1) ist der älteste Markt der Stadt, man findet ihn jeden Mittwoch von 5 bis 21 Uhr entlang der Fatih Caddesi im gleichnamigen Stadtteil.

1

2

3

4

GPS: 41° 0' 58" N, 28° 58' 24" O

13 Konditorei „Hafiz Mustafa"

Seit mehr als 150 Jahren macht die Zuckerbäckerei Hafiz Mustafa die Istanbuler glücklich, indem sie ihnen all die Süßigkeiten offeriert, die nicht nur des Türken Herz begehrt: von sirupschwerem Baklava und Knafe, die der Istanbuler am liebsten mit dicker Kaymak-Sahne genießt, bis zu Dondurma (elastischem Mastixeis) und kandierten Früchten, die hier besonders köstlich schmecken. Hafiz Mustafa steht dabei ein in bester Tradition, denn schon die Sultane ließen Süßspeisenküchen, sogenannte Şekerciler Helvahane, einrichten und ihre Zuckerbäcker darum wetteifern, neue Dessert-Kreationen für sich und ihren Harem zu entwickeln, die dann auf so schöne Namen wie „Frauennabel" oder „schöne Lippen" getauft wurden. Im ersten Stock der Konditorei sollte man unbedingt einen Erdbeer- oder Pistazien-Muhallebi (Pudding), vom Lokum die Rosenvariante oder auch eines der französischen Törtchen, Éclairs, Profiterols genießen. Und dazu – als Gegengewicht – einen starken Türk kahvesi aber sade, will heißen, ohne Zucker.

3+4: Süßes in Hülle und Fülle: türkische Süßigkeiten wie Baklava, Kadayif, Söbiyet oder auch Nachtigallennester, Prinzessinnen, Padişahs im Schaufenster von Hafiz Mustafa

Hafiz Mustafa 1864, Hobyar Mahallesi, Hamidiye Cad. 84, Bahcekapı Eminönu, 34080 İstanbul
Telefon: +90 212 513 36 10
geöffnet täglich 6.30 bis 2.30 Uhr
Weitere Filialen:
Hocapaşa Mahallesi, Muradiye Caddesi 51, Sirkeci Eminönü, İstanbul
Divanyolu Caddesi 14, Sultanahmet, 34122 İstanbul
Gümüşsuyu Mahallesi, Sıraselviler Cad. 7/B, Beyoğlu, İstanbul
www.hafizmustafa.com

GPS: 41° 0' 37" N, 28° 58' 45" O

14 Restaurant „The Han“

Ein bisschen wie in einer Karawanserei kann man sich fühlen, wenn man den ganzen Tag mit der Touristenkarawane durch die Stadt gezogen ist, um dann am Abend in „The Han“ (die Karawanserei) einzukehren, sich den Staub von den Sohlen, die Schuhe von den Füßen zu schütteln und auf die Kelim-Diwans und in die Kissen zu sinken. Die Speisen werden osmanisch an niedrigen Tischen oder aber auch an ganz gewöhnlichen hohen serviert. Gleichzeitig kann man fleißigen kopftuchtragenden Frauen in Weiß dabei zuschauen, wie sie, auf einem Podest an einem niedrigen *sofra* (Arbeitstisch) sitzend, dünne *gözleme*-Fladen zubereiten und backen.

1: Frau am Yer sofrası beim Ausrollen der Fladen
2: Das folklorische Interieur von „The Han“ zieht vor allem Touristen an.

1

2

„The Han“, Cankurtaran Mahallesi, Ecke Alemdar Cad./Soğuk Çeşmesi Sok. 26, Sultanahmet, İstanbul

Telefon: +90 212 526 62 62-63

www.thehanrestaurant.com

GPS: 41° 0' 14" N, 28° 58' 44" O

Teppichflicker 15

Teppiche können wahre Kunstwerke sein, und wenn man sich einmal für sie zu interessieren beginnt, kann die Beschäftigung mit ihnen zu einer Leidenschaft werden. Die ältesten türkischen Teppiche aus dem 14. und 15. Jahrhundert mit geometrischen Mustern (Holbeinteppiche) und Tiermotiven sind uns vor allem durch die europäische Malerei überliefert. Später wurden Bergama, Uşak und Westanatolien zu wichtigen Herstellungszentren. Istanbuler Manufakturen stellten sogenannte osmanische Palastteppiche mit floralen Motiven her, und die besten Seidenteppiche werden noch heute in Hereke, einem kleinen Dorf südöstlich von Istanbul geknüpft: Hereke-Teppiche sind so wertvoll, dass man sie sogar als geknüpfte Aktien bezeichnet. Kein Wunder, dass man alte Teppiche nicht wegwirft, sondern immer wieder flicken oder sogar von Spezialisten restaurieren lässt.

3: Teppichflicker im Altstadtviertel Sultanahmet

Ein Labyrinth von mal hell erleuchteten, mal eher schummrigen Gassen ist der Große oder Gedeckte Basar. Beim Schlendern, hier in der Straße der Fesmacher, kann man die Zeit vergessen.

TERPUŞÇULAR SK.
TUĞCULAR SK.
SİPAHİ SK.

GPS: 41° 0' 38" N, 28° 58' 5" O

16 Großer Basar

Der bereits unter Mehmed II. errichtete Große Basar umfasst heute ein Areal von mehr als 30 000 Quadratmetern mit etwa 3500 Läden. Mehmeds von eisernen Toren gesicherter Eski Bedesten (die alte Tuchhalle, die bis heute die wertvollsten Waren – Kupferzeug, Ikonen, Gold- und Silberschmuck – beherbergt) wurde von Süleyman dem Prächtigen durch den Yeni oder Sandal Bedesten erweitert. Um 1700 ersetzte Sultan Mahmud viele der regelmäßig abbrennenden Holzbuden durch Steinbauten, bis der Basar Ende des 19. Jahrhunderts seine heutige Gestalt erhielt. Betritt man ihn durch einen der 22 Eingänge, etwa am Beyazit-Tor, landet man zunächst auf der Hauptachse des Markts, der Straße der „Fellmützenverkäufer“, die eigentlich eine Gasse der Juweliere und Goldhändler ist. Geblendet von gleißenden Auslagen, bedrängt von aggressiven Händlern verliert man sich – abseits der Hauptwege – rasch im Gewirr der mehr als 60 Gassen. Banken, eine Post, zwei Moscheen, vier Brunnen und mehrere Cafés und Restaurants vervollständigen die Infrastruktur dieses komplexen Handelszentrums und Sozialgefüges, das überdies das Herz des Gold- und inoffiziellen Devisenhandels ist und 25 000 Menschen ständig Arbeit gibt.

1: Das Nuruosmaniye-Tor gegenüber der gleichnamigen Moschee ist nur einer von 22 Eingängen, durch die Tag für Tag bis zu einer halben Million Touristen und Einheimische strömen.
2: Ladengasse mit dem Eingang zum Cevahir Bedesteni, dem Goldbasar, der den innersten und ältesten Bereich des Großen Basars darstellt.
3: Keramikstand im Großen Basar
4: Teppichverkäufer im Großen Basar

Kapalı Çarşı, Beyazıt, İstanbul
Telefon: +90 212 519 12 48
geöffnet täglich 8.30 bis 19 Uhr

1

2

GPS: 41° 0' 37" N, 28° 57' 55" O

17 Beyazıt-Moschee

Die Moschee des Sultans Beyazıt II., die den von Tauben schwirrenden Beyazit-Platz überragt, wurde zwischen 1500 und 1506 erbaut und ist die älteste erhaltene Sultansmoschee der Stadt. Wie später Meister Sinan orientierte sich auch ihr Architekt Hayrettin am großen Vorbild der Hagia Sophia, sodass die mächtige Zentralkuppel das prägende Bauelement darstellt. Die Moschee besitzt einen Vorhof von derselben Grundfläche wie das Gebäude sowie seitlich angegliederte kuppelüberwölbte Gästehäuser (tabhane) ebenso wie die byzantinischen Bauelemente der seitlichen Abstützung der Hauptkuppel durch Halbkuppeln. Südlich der Moschee befinden sich, von einer Mauer umgeben, die Türben von Sultan Beyazıt II. und seiner Tochter Selçuk Hatun, ebenso wie ein paar jüngere Grabbauten.

1: Innenraum und Hauptkuppel der Beyazıt-Moschee

Beyazıt Camii, Beyazıt Mah., Ordu Cad., Meydan Sok. 34 126 Fatih, İstanbul

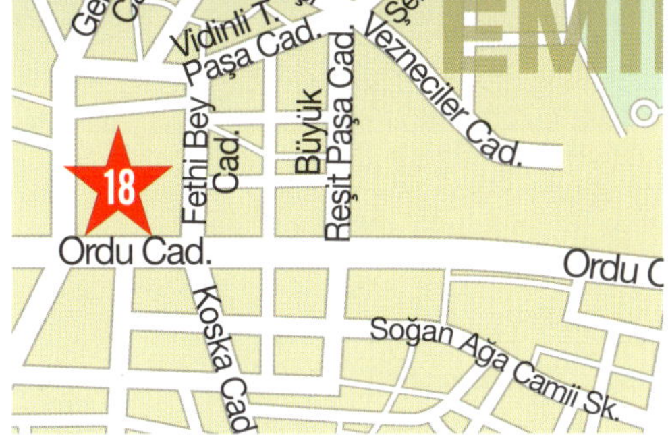

GPS: 41° 0' 36" N, 28° 57' 24" O

18 Laleli-Moschee

Auf der verkehrsreichen Ordu Caddesi zwischen Beyazıt und Aksaray erhebt sich auf einer monumentalen Terrasse eine der interessantesten osmanischen Barockmoscheen der Hauptstadt, die Laleli Camii oder Tulpenmoschee. Zwischen 1759 und 1763 im Auftrag von Mustafa III. und wohl von dessen Architekten Mehmed Tahir Ağa errichtet, erhebt sie sich auf einem Unterbau aus acht mächtigen Pfeilern, auf denen wiederum die Barockpfeiler im Innern der Moschee ruhen. Im unterirdischen Brunnenhof befindet sich heute ein Basar. Die 12,5 Meter überspannende Kuppel erreicht eine Höhe von 24,5 Metern. Bemerkenswert ist die heitere Farbigkeit des Innenraums, die sowohl durch die Verwendung roten, gelben und blaugrauen Marmors und Schmucksteinen wie Jaspis, Onyx und Lapislazuli für die Wände als auch durch edelsteingeschmückte Ornamentglasfenster erzielt wird.

2: Innenraum der Laleli-Moschee mit Mihrab (Mitte) und Minbar (Freitagskanzel, rechts)

Laleli Camii, Ordu Caddesi, Laleli, İstanbul

2

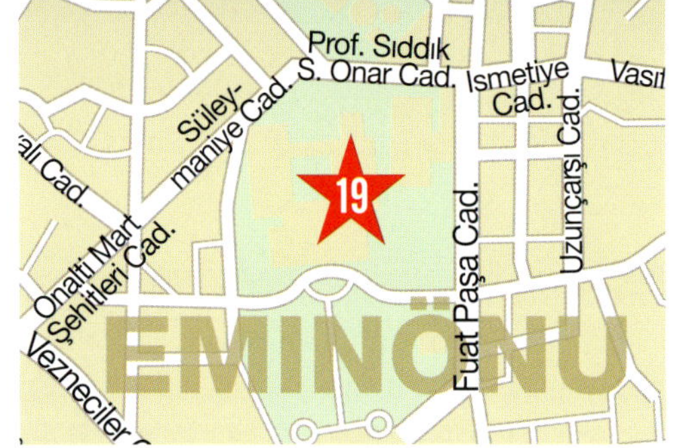

GPS: 41° 0' 47" N, 28° 57' 50" O

19 Universität

Am nordwestlichen Ende des Beyazıt-Platzes gegenüber der Beyazıt-Moschee steht unübersehbar das mächtige Tor der Universität im maurischen Stil. Über dem Eingang prangt die Jahreszahl 1453, das Jahr der Eroberung Konstantinopels durch die Osmanen. Damit soll zum Ausdruck gebracht werden, dass die bereits 1453 von Sultan Mehmed Fatih in Teilen der Hagia Sophia und des Pantokratorklosters angelegten Madrasas (Hochschulen) als Grundstein der Universität Istanbul anzusehen sind. Die Gründung einer Hochschule im europäischen Sinne wurde 1846 beschlossen, doch erst im Jahr 1900 nahm das Darülfünun („Haus der Wissenschaften“) nach etlichen Verzögerungen seine Arbeit auf, um schließlich 1923 die Gebäude und Anlagen am Beyazıt-Platz zu beziehen, in denen vorher das Kriegsministerium residiert hatte.

Die Universität Istanbul ist mit über 100 000 Studenten, 5000 wissenschaftlichen Mitarbeitern und bedeutenden Absolventen wie dem Schriftsteller und Nobelpreisträger Orhan Pamuk, dem Dichter Orhan Veli Kanık oder dem Politiker Abdullah Gül eine der größten und renommiertesten der Türkei.

1: Tor der Universität Istanbul am Beyazıt-Platz

İstanbul Üniversitesi, Beyazıt, 34 452 İstanbul

Telefon: +90 212 440 00 00

Weitere Campus-Gelände: Vezneciler, Avcılar, Bahçeköy, Çapa, Cerrahpaşa, Kadıköy.

1

GPS: 41° 0' 19" N, 28° 58' 41" O

Mosaikenmuseum 20

Dieses kleine, aber feine Museum steht auf den Grundmauern eines großen Palasts, genau genommen über den teilweise erhaltenen Bodenmosaiken des Nordostteils der Säulenhalle des großen byzantinischen Kaiserpalasts, die heute im Arasta-Basar der Sultanahmet-Anlage liegen.

Die Mosaiken werden auf die Zeit zwischen 450 und 550 n. Chr. datiert und beeindrucken sowohl durch ihren Kunstsinn als auch durch den Reichtum der porträtierten Szenen. Meist zeigen sie Motive aus dem ländlichen Leben, Jagd- und Hirtenszenen, Tiere und Fabelwesen. Höhepunkt der Ausstellung ist das große Bodenmosaik, das vor 60 Jahren bei Ausgrabungen entdeckt, freigelegt und in mühevoller Kleinarbeit meisterhaft rekonstruiert wurde.

Seit 1953 war es Teil des Archäologischen Museums; seit 1979 wird es vom Hagia-Sophia-Museum verwaltet.

2: Kinder auf Dromedar
3: Gänse hütendes Kind
4: Jäger und Tiger
5: Pferde, Ziegenmelker

Arasta Çarşısı, Sultanahmet Mahallesi, Fatih, İstanbul

Telefon: +90 212 518 12 05

geöffnet täglich
April bis Oktober:
9 bis 19 Uhr

November bis März:
9 bis 17 Uhr

GPS: 41° 0' 59" N, 28° 58' 14" O

21 Ägyptischer Basar

Ein Fest für Augen und Nase ist der in der Nähe von Galatabrücke und Neuer Moschee gelegene Ägyptische oder Gewürzbasar. Scharfer roter Pfeffer, sanfter gelber Safran, berückender grüner Kardamom leuchten – unter Neonröhren – aus der düsteren, überdachten Markthalle. Aber nicht nur um die aufgehäuften Gewürze, die – fein gemahlen – wie aromatische Farbpigmente wirken, drängen sich die Kunden. Es gibt, durchaus nachvollziehbar, hier auch Rosenblüten, Pistazien, Trockenaprikosen, Kaffee und Tee. Seit einigen Jahren jedoch kann man hier sogar Schmuck, Elektronikartikel, Textilien und Zeitungen kaufen. Abgesehen davon stellt Mısır Çarşısı, wie der Basar auf Türkisch heißt, eine Art Übergangszone und Verbindungsweg zu all den Fisch-, Gemüse-, Haushalts- und Haustierständen dar, die ihn umgeben und bis fast hinauf zum Großen Basar reichen. Der Gewürzbasar gehört zum Stiftungskomplex der Yeni Cami und ersetzte seit 1660 die alten jüdischen, venezianischen und genuesischen Märkte, die vor der osmanischen Eroberung das ganze Viertel beherrscht hatten und beim Bau der Neuen Moschee verdrängt wurden. Heute werden die etwa 100 hier untergebrachten Läden von der Istanbuler Stadtverwaltung vermietet.

1: Feingemahlen, geschrotet, als ganze Stange, Knolle oder Schote, und bitte die ganze Farb- und Duftpalette: So liebt es der Tourist, auf dessen Bedürfnisse sich viele der Ladenbesitzer hier eingestellt haben, aber auch der Türke.

2: Gucken, Schnuppern, Betasten: eine türkische Hausfrau, aber auch ein türkischer Mann unterzieht alles einer sorgfältigen Prüfung, ehe er kauft – wenn er aber kauft, dann in rauen Mengen.

Fatih, İstanbul
Telefon: +90 212 513 65 97
geöffnet täglich 8 bis 19 Uhr

arifoğlu
Since 1944
BAHRAMAN SAFFRON
APPLE TEA

KOMPLE
KİRALIK
ASANSÖRLÜ BİNA
0212 528 04 21
0532 232 45 14
Lider
T.C. İSTANBUL TİCARET
HOLIDAY

Vom Galataturm in Beyoğlu hat man einen wunderbaren Blick übers Goldene Horn auf die Süleymaniye-Moschee und das hinter der Landzunge sichtbare Marmarameer.

GPS: 41° 0' 58" N, 28° 57' 50" O

22 Süleymaniye-Moschee

Die Süleymaniye gilt als eines der schönsten Beispiele osmanischer Sakralarchitektur, die ihr Schöpfer, der geniale und anspruchsvolle Mimar Sinan immerhin als sein Gesellenstück einschätzte (nachdem er bei der Shehzade Camii noch geübt hatte). Ihr Bauherr Süleyman II. der Prächtige vertrat mit ihr und der dazugehörigen Külliye (Stiftung) einen imperialen und städtebaulichen Anspruch, der dem der Fatih-Moschee Mehmed des Eroberers vergleichbar war. Die schwierige Topografie auf dem steilen dritten Stadthügel erforderte neue architektonische Lösungen, an die 3000 Arbeiter aus dem gesamten Reich waren von 1550 bis 1557 an dem Bau beschäftigt und schufen eine Moschee mit einer Kuppel von 53 Metern Höhe und 27,25 Metern Durchmesser – Ausmaße, wie sie danach nur noch die Selimiye und die Sultan-Ahmed-Moschee erreichen.

Wie in der Hagia Sophia wurden auch hier Spolien verbaut, unter anderem vier Säulen, von denen eine aus Alexandria, eine aus Baalbek und zwei aus Konstantinopel stammen. Dahinter verbarg sich die Aussage, dass die Moschee auf den Thronen der alten Herrscher ruhe. Außer Hauptmoschee, Vorhof und Reinigungsbrunnen besitzt die Külliye unter anderem noch ein Observatorium, eine Koranschule, eine Medizinische Fakultät, ein Krankenhaus, eine Armenküche, ein öffentliches Bad und vor allem anderen einen Friedhof mit den Mausoleen des Sultans und seiner Frau Roxelane oder Haseki Hürrem, auf dem auch ihre Tochter Mihrimah Sultan eine Türbe besitzt. Ganz am Rande des Komplexes außerhalb der Mauern schließlich liegt die Grabstätte des Baumeisters Sinan.

1: Innenhof der Moschee Süleymans des Prächtigen
2: Innenraum der Süleymaniye

Süleymaniye Camii, Süleymaniye Mah., 34116 İstanbul
geöffnet täglich, außer zu den Gebetszeiten

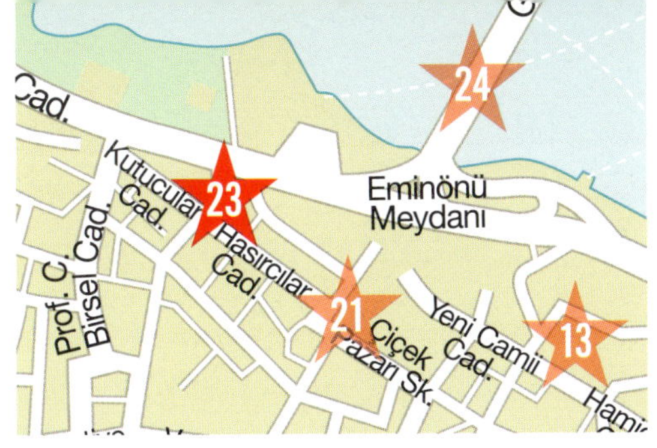

GPS: 41° 1' 3" N, 28° 58' 8" O

23 Rüstem-Pascha-Moschee

Der Großwesir Rüstem Pascha, Produkt der Knabenlese und der Palastschule sowie Gatte von Süleymans Lieblingstochter Mihrimah, wählte als Standort für seine Moschee den ehemaligen venezianischen Friedhof inmitten des Basarviertels. Der Bauplatz war zu klein, um Hof und Brunnen so groß anzulegen wie bei den Sultansmoscheen. Doch der Platzmangel wurde wettgemacht durch die überreiche Ausstattung mit Iznik-Fayencen. Mit dem Bau beauftragte der Wesir Mimar Sinan, der ihn über einer Substruktion aus Läden errichtete, deren Mieter den Unterhalt der Moschee mitfinanzieren mussten – was übrigens auch sonst üblich war. In dieser Moschee, die Sinan erst 1562, ein Jahr nach dem Tod seines Auftraggebers vollendete, erprobte er zum ersten Mal einen achteckigen Unterbau (wie später bei seinem Meisterwerk, der Selimiye in Edirne), weil er einen notgedrungen kleinen Baukörper mit einer möglichst hohen Kuppel zu überwölben suchte. Eine Vorhalle ergänzte den Bau und schuf einen stillen Hof inmitten des Lärms des Basarviertels, und im Innenschmuck aus kostbarer Keramik, die bis zur Höhe der Bogenansätze sämtliche planen Flächen bedeckte, konnte der Schwiegersohn des Sultans seinen Reichtum zur Schau stellen.

3: Die von Sinan erbaute Rüstem-Pascha-Moschee gilt wegen ihrer Innendekoration mit kostbaren Fayencen aus Iznik als regelrechtes „Keramik-Museum“.

Rüstem Paşa Camii, Rüstem Paşa Mahallesi, Hasırcılar Caddesi 80, 34116 İstanbul
geöffnet täglich von Sonnenaufgang bis 22 Uhr, außer während der Gebetszeiten

3

LEGACY
OTTOMAN HOTEL
İTO

Wenn man abends vom Galataturm über das Goldene Horn blickt, liegen zwei Moscheen in der Sichtachse: die Yeni Cami direkt an der Galatabrücke und weiter oben die barocke Nuruosmaniye gegenüber dem Großen Basar.

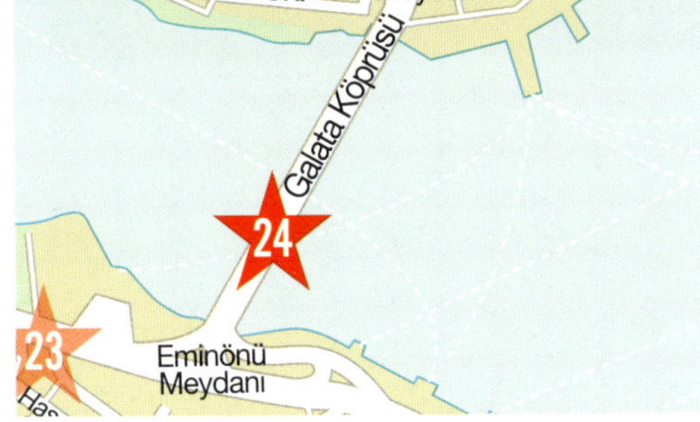

GPS: 41° 1' 12" N, 28° 58' 23" O

24 Galatabrücke

Erst seit knapp 170 Jahren sind die Stadtteile Eminönü und Galata/Karaköy zu beiden Seiten des Goldenen Horns durch eine Brücke miteinander verbunden. Zwar hatte schon Sultan Bayazid II. (1481–1512) hier eine Brücke bauen wollen, und die beiden Renaissance-Genies Michelangelo und Leonardo da Vinci reichten Konstruktionszeichnungen ein, doch wurde das Vorhaben nie verwirklicht.

Die erste Brücke von 1846 war noch eine schmale Holzbrücke, wurde jedoch wegen des immer rascher wachsenden Verkehrs wiederholt durch größere Holz-Eisen-Konstruktionen ersetzt und entwickelte sich zu einem Lebensnerv der Stadt: hier legten und legen Fähren aus allen anderen Stadtteilen an, die Brücke verbindet für Einheimische wie Touristen die Altstadtviertel mit ihren Moscheen und dem Sultanspalast mit dem immer schon europäisch-multikulturellen Galata und dem heutigen Szeneviertel Beyoğlu. Und immer stehen hier Angler dicht an dicht und lassen ihre Leinen ins trübe Wasser hängen.

Die alte Galatabrücke, filigrane Vorgängerin der heutigen, berühmt und geliebt, wurde zwischen 1910 und 1912 von der MAN in Nürnberg erbaut. Die heutige fünfte, sogenannte Neue Galatabrücke, ebenfalls 470 Meter lang, wurde 1991 von Thyssen fertiggestellt und besitzt wie die alte ein Untergeschoss mit Restaurants und Cafés, die jedoch heute – anders als die der alten – vor allem von Touristen frequentiert werden.

1: Angler auf der Galatabrücke. Im Hintergrund Kuppel und Minarette der Süleymaniye und links weiter vorn – am einzigen Minarett zu erkennen – die Rüstem-Pascha-Moschee

2: Fischrestaurants und Cafés im Untergeschoss der neuen Galatabrücke

Galata Köprüsü, Eminönü, İstanbul

GPS: 41° 1' 45" N, 28° 57' 40" O

25 Goldenes Horn

Der *Halic* („Meeresbusen"), wie das Goldene Horn auf Türkisch heißt, ist eine etwa acht Kilometer lange und bis zu 40 Meter breite Meeresbucht, die aus einem versunkenen Flusstal entstand. Der europäische Name erklärt sich bei einem Blick auf die Landkarte, denn tatsächlich erinnert die Form der Bucht an ein vom Bosporus abzweigendes Meereshorn, an dessen nördlichem Ende zwei kleine Zuflüsse einmünden, die sogenannten Süßen Wasser Europas. Warum das Horn golden sein soll, wird einem vielleicht bei Sonnenuntergang plausibler erscheinen als an einem trüben Herbsttag, könnte allerdings auch mit den „untergegangenen Schätzen" zu tun haben, die man auf seinem Grund vermutete. Eine Annahme, die durchaus berechtigt ist, denn dieser „ideale Naturhafen" war über Jahrhunderte heftig umkämpft, nicht nur von Griechen und Osmanen, sondern auch von Arabern, europäischen Kreuzrittern, venezianischen und genuesischen Kaufleuten. In osmanischer Zeit standen an den süßen Wassern Europas die Villen und Lustpavillons der Oberschicht, bis sie im 19. Jahrhundert im Zuge der Industrialisierung Werften und Fabriken weichen mussten und das Goldene Horn zur stinkenden Kloake verkam. Erst seit den 1980er-Jahren jedoch steuert die Stadtverwaltung dagegen an, hat inzwischen die schlimmsten Umweltsünder verbannt, Kläranlagen gebaut und einige Uferstreifen in Grünflächen zurückverwandelt.

3: Blick vom Galataturm auf das Goldene Horn und die Sarayspitze mit dem Topkapi-Palast und dem Turm der Gerechtigkeit

3

GPS: 41° 1' 45" N, 28° 57' 7" O

26 Georgskathedrale

Die Georgskathedrale (Aya Yorgi) ist seit 1600 orthodoxe Hauptkirche des Ökumenischen Patriarchats in Konstantinopel im Istanbuler Stadtteil Fener. Bis zur Eroberung durch die Osmanen im Jahr 1453 war über Jahrhunderte die Hagia Sophia Kathedralkirche gewesen. Unter den Osmanen blieb der Patriarch zwar Oberhaupt aller orthodoxen Gemeinden, jedoch lösten sich im Zuge der Unabhängigkeitsbewegungen nicht nur die Völker aus dem Osmanischen Imperium, sondern auch deren Kirchen aus der organisatorischen Einheit mit dem Patriarchat. Nach der Republiksgründung war das Verhältnis zwischen Staat und Patriarchat immer angespannt. Zur einer positiveren Entwicklung kam es erst, als Präsident Erdoğan im August 2011 entschied, der christlichen Minderheit der Türkei in der Vergangenheit konfiszierte Immobilien und Sakralbauten zurückzugeben.

Das Kirchengebäude selbst wurde immer wieder verändert, vergrößert, restauriert, sodass kaum etwas von der originalen Struktur erhalten ist.

1: Ikonostase

Aya Yorgi, Yavus Sultan Selim Mah., 34083 Fatih, İstanbul
Telefon: +90 212 521 19 21
geöffnet täglich 8.30 bis 16 Uhr

1

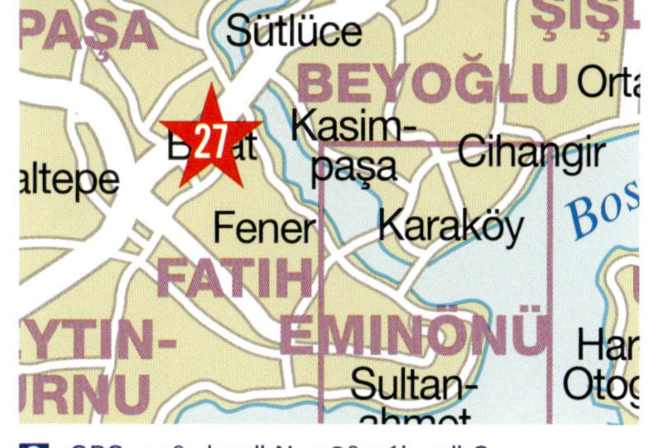

GPS: 41° 1' 52" N, 28° 56' 20" O

27 Chora-Kirche

Die dreischiffige Basilika ist Teil einer untergegangenen Klosteranlage aus dem 6. Jahrhundert. Damals lag die Kirche noch außerhalb der Stadtmauern auf „freiem Feld" – und genau dies bedeutet das griechische Wort chora. Den reichen Bilderschmuck, für den sie berühmt ist, erhielt sie jedoch erst bei ihrer gründlichen Restaurierung im frühen 14. Jahrhundert. Thema der 70 Mosaiken und 23 Fresken ist die Lebensgeschichte Jesu und der Muttergottes, die fast lückenlos wiedergegeben ist. Mehr als alles andere hat dieses Kunstwerk dazu beigetragen, von einer Palaiologischen Renaissance in der bildenden Kunst zu sprechen (die Palaiologen waren die letzte Kaiserdynastie des Byzantinischen Reiches). Denn nach der Eroberung Konstantinopels durch die Kreuzfahrer und angesichts der wirtschaftlichen Vorherrschaft der italischen Handelsstädte war die lateinische Kultur zum Feindbild geworden, von dem man sich absetzen wollte, was hier in ganz großem Stile realisiert wurde.

Die Kirche wurde im 16. Jahrhundert in eine Moschee umgewandelt (Kariye Camii), die Mosaiken verschwanden unter Putz oder wurden übertüncht. Und erst 1876 begann man erstmals mit der Freilegung. Zwischen 1948 und 1959 führte das Amerikanische Byzantinische Institut eine vollständige Restaurierung durch. Seither ist die Kirche Museum.

2: Chora-Kirche (Kariye Müzesi) im Stadtteil Edirnekapı
3: Südliche Narthex-Kuppel der Chora-Kirche: Christus, umgeben von den Patriarchen vom Stamme Adams, sowie andere Mosaiken

Kariye Müzesi, Dervişali Mah., Kariye Türbe Sok. 16, Edirnekapı, Fatih, İstanbul
Telefon: +90 212 631 92 41
geöffnet Donnerstag bis Dienstag
Winter: 9 bis 17 Uhr
Sommer: 9 bis 19 Uhr

1

GPS: 41° 7' 45" N, 28° 32' 57" O

28 Mihrimah-Sultan-Moschee

Westlich der Chora-Kirche steht am Edirne-Tor an der Innenseite der Theodosianischen Mauer die Mihrimah Sultan Camii, eine der schönsten Moscheen Istanbuls. Der berühmte Sinan erbaute sie in der Mitte des 16. Jahrhunderts für die Stifterin Mihrimah, die Tochter Süleyman des Prächtigen und gleichzeitig Gemahlin seines Großwesirs Rüstem Pascha war. Durch den erst zwei Jahrhunderte später angelegten Vorhof und eine Vorhalle gelangt man in den Hauptraum, der ganz in zarten Farben ausgemalt ist. Die reiche Fensterausstattung hat dem Bau nicht nur den Titel „Moschee der 1000 Fenster“ eingetragen, in dem durch die teilweise bunten Fenster einfallenden Licht macht sie auch einen besonders hellen und festlichen Eindruck.

Schäden die durch mehrere Erdbeben im 19. und 20. Jahrhundert entstanden, wurden um 1910 und in den 1960er-Jahren behoben, und 2010 bis 2011 wurde der Bau, der bei dem schweren Erdbeben von 1999 baufällig geworden war, noch einmal umfassend restauriert. Zum Stiftungskomplex gehörten einst eine Medrese, ein Doppelhamam und eine Türbe, die seither jedoch teilweise dem Straßenbau zum Opfer gefallen sind.

1: Innenraum der Mihrimah-Sultan-Moschee mit 37 Meter hoher Hauptkuppel
2: Qibla-Wand und Minbar in der Mihrimah-Sultan-Moschee

Mihrimah Sultan Camii, Karagümrük Mahallesi, Edirnekapı, 34091 İstanbul
geöffnet außerhalb der Gebetszeiten von Sonnenaufgang bis zum Nachtgebet

2

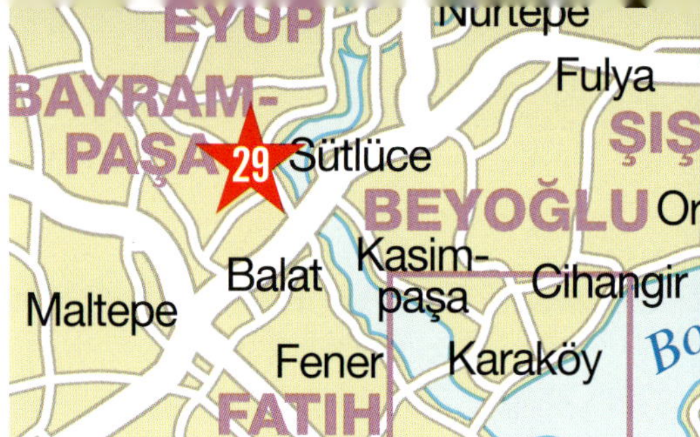

GPS: 41° 2' 52" N, 28° 56' 1" O

29 Eyüp-Sultan-Moschee

Diese Moschee ist ein überaus beliebtes Ziel muslimischer Wallfahrer. Hunderttausende pilgern Jahr für Jahr ans nördliche Ende des Goldenen Horns, um hier das Grab Abu Ayub al-Ansaris, des Fahnenträgers des Propheten, zu besuchen.

Dieser Abu Ayub ist wahrscheinlich bei der ersten Belagerung Konstantinopels durch die Araber 668/69 gefallen und vor der Stadt begraben worden. Als dann acht Jahrhunderte später Mehmed II. die Stadt tatsächlich einnahm, habe man, so die türkische Überlieferung, auf wundersame Weise durch den Wink eines Engels den Leichnam wiedergefunden. 1458 wurde Abu Ayub in einem neuen Grab beigesetzt und daneben eine Moschee errichtet. Da die Nähe zu einem Heiligen nach muslimischem Glauben der Nähe zum Paradies entspricht, ließen sich viele Würdenträger hier Türben errichten und auf dem Nachbarhügel entstand ein großer Friedhof, auf dem heute noch bestattet wird.

1: Vorhof der Eyüp-Sultan-Moschee am Nordende des Goldenen Horns
2: Am Reinigungsbrunnen (Şadırvan) der Eyüp-Moschee herrscht meist großes Gedränge.
3: Innenraum der Eyüp-Sultan-Moschee

Eyüp Sultan Camii, İslambey Mah., 34050 Eyüp, İstanbul
geöffnet täglich 9 bis 18 Uhr

3

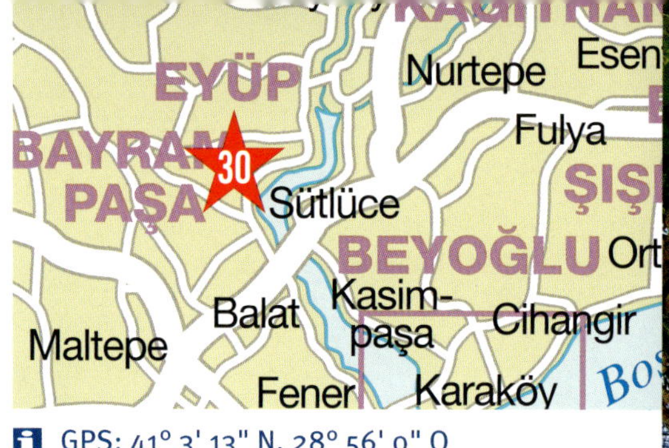

GPS: 41° 3' 13" N, 28° 56' 0" O

30 Pierre-Loti-Hügel

Pierre-Loti-Hügel, so heißt im globalen Touri-Sprech inzwischen der gesamte Hügel am Nordende des Goldenen Horns über der Eyüp-Moschee (und nicht nur das berühmte Café Pierre Loti). Vor dreißig Jahren war das Café auf dem Hügel noch eine einfache Holzhütte und nur zu Fuß über das riesige, steile Gräberfeld zu erreichen – und man konnte dort neben der grandiosen Aussicht auch noch die schlichte Ruhe genießen. Noch idyllischer muss es zu den Zeiten gewesen sein, als der französische Marineoffizier und Schriftsteller Julien Viaud (Loti ist sein Pseudonym) sich hier zwischen 1876 und 1878 mit seiner heimlichen Liebe Aziyadeh traf, die er dann im gleichnamigen Bestsellerroman romantisch verklärte. Pierre Loti wurde Ehrenbürger Istanbuls, in Fatih wurde eine Straße, in Eyüp besagtes Café nach ihm benannt, und er wurde – zu Recht – des Orientalismus geziehen. Heute ist das Café auch für die Fußlahmen mit der Seilbahn zu erreichen und fester Programmpunkt des Touristen-Circuit.

1: Seilbahn zum Café Pierre Loti
2: Blick von der Terrasse des Pierre Loti übers Goldene Horn

1

Café Pierre Loti, Gümüşsuyu Cad./ Balmumcu Sok. 5, Eyüp, İstanbul
Telefon: +90 212 581 26 96
geöffnet täglich 8 bis 24 Uhr

2

1

2

GPS: 40° 59' 35" N, 28° 55' 22" O (Goldenes Tor)

31 Theodosianische Landmauer

Die 6,6 Kilometer lange Stadtbefestigung ist das größte Bauwerk aus byzantinischer Zeit und gehört heute zum UNESCO-Welterbe. Sie beginnt im Norden neben der Autobahnbrücke übers Goldene Horn, reichte einst bis ans Marmarameer und endet heute wegen der dort verlaufenden Kennedy Caddesi kurz davor. Weil die Stadt immer weiter über die Konstantinische Mauer hinausgewachsen war, sah sich Kaiser Theodosius II. Anfang des 5. Jahrhunderts gezwungen, etwa 1,5 Kilometer westlich von dieser eine neue Befestigungsanlage zu errichten, die die Historiker für eine der ausgeklügeltsten und erfolgreichsten der Geschichte halten. Notwendig wurde sie durch den Gotensturm unter Alarich sowie den von Thrakien her einsickernden Hunnen. Der dreifache Mauerring trotzte bis zur osmanischen Eroberung mehr als tausend Jahre lang Arabern, Russen und Bulgaren. Erst Sultan Mehmed II. Fatih konnte sie 1453, das erste und einzige Mal, mit seiner waffentechnisch und zahlenmäßig weit überlegenen Armee nach siebenwöchiger Belagerung erstürmen. Um sie im Anschluss daran sofort wieder instand setzen zu lassen (da er ihren Nutzen nur allzu gut kannte).

1: Die Porta Aurea war einst Triumphbogen und prächtigster Zugang zur byzantinischen Hauptstadt. Später wurde sie Teil des Yedikule-Kastells an der Schnittstelle von Land- und Seemauer und diente den Osmanen als Kerker und Hinrichtungsstätte.

2: Theodosianische Landmauer im Stadtteil Topkapı

3: Gemälde der osmanischen Eroberung Konstantinopels unter Sultan Mehmed II. im Panorama-Museum

İstanbul Surları oder Topkapı Surları

Panorama-Museum/Panorama 1453 Tarihi Müzesi, Mekezefendi Mah., 34 015 İstanbul

geöffnet täglich 8.30 bis 19 Uhr

3

NÖRDLICH DES GOLDENEN HORNS

Hier, in den Vierteln nördlich des Goldenen Horns, zeigt die „östlichste aller westlichen Städte" ihr westlichstes Gesicht. Vor allem im Stadtteil Beyoğlu rund um die İstiklal Caddesi wird Istanbul zur „city that never sleeps". Denn hier tobt in der Fußgängerzone zwischen Tünel und Taksim-Platz tagtäglich 24 Stunden lang das Leben, schlägt in angesagten Clubs, trendigen Boutiquen und Galerien, liebevoll restaurierten Cafés und Hotels der Puls der Metropole. Doch auch hinter den Fassaden des zum Meeresarm abfallenden Handwerkerviertels Karaköy hat sich mit einiger Verzögerung in den letzten eineinhalb Jahrzehnten eine junge Istanbuler Szene etabliert.

Als genuesische Handelskolonie Galata schon in byzantinischer Zeit gegründet, blieben diese Viertel auch nach der Eroberung durch die Osmanen die bevorzugten Wohnquartiere westlicher Ausländer sowie einheimischer Griechen, Juden und Armenier. Einziger Überrest der genuesischen Stadt ist der – beeindruckende – 1348 erbaute Galataturm, der heute als Wahrzeichen Istanbuls den Hügel beherrscht und einen herrlichen Rundblick übers Goldene Horn und einen Großteil der alten Stadt gewährt.

GRAND RUE DE PÉRA

Beleg für den einst so kosmopolitischen Charakter dieser Viertel sind die zahlreichen – versteckt liegenden – Synagogen und Kirchen. Ebenso wie die hohen Bürger-, Geschäfts- und Bankhäuser der Jahrhundertwende, die die düsteren Gassenschluchten Karaköys

Oben: Blick übers Goldene Horn auf die Stadtteile Karaköy und Beyoğlu und den Galataturm.
Von links nach rechts: Typisches Gedränge auf der İstiklal Caddesi; dem Bosporus zugewandte Fassade des Dolmabahçe-Palasts; bunte Beete beim alljährlichen Tulpenfestival im Emirgan-Park.

İstiklal Caddesi **Dolmabahçe-Palast** **Emirgan-Park**

prägen – und natürlich die prachtvollen Jugendstilhäuser entlang der İstiklal Caddesi, die einstmals zu ihrer Blütezeit in der Belle Époque Grande Rue de Péra geheißen hatte.

Pera, nämlich „Gegenüber", hatten schon die alten Byzantiner die jenseits des Goldenen Horns liegenden Felder genannt, und in Pera residierten nicht nur die ausländischen Botschaften, nicht nur die einheimische levantinische Elite von jüdischen Bankiers, armenischen und griechischen Geschäftsleuten, sondern gaben sich vor und nach der Republikgründung im Pera Palas Hotel auch internationale Berühmtheiten wie Mata Hari, Agatha Christie oder der Schah von Persien ein Stelldichein.

Dennoch setzte nach der Republikgründung ein Niedergang ein, die Botschafter zogen nach Ankara, und politische Unruhen bewirkten, dass Griechen, Juden und Armenier der Stadt den Rücken kehrten. In die verlassenen Gassen Karaköys und die Seitenstraßen der nun in İstiklal (Unabhängigkeit) umbenannten ehemaligen Grand Rue zogen arme Anatolier ein. Mit der Folge, dass die Häuser verfielen, Kriminalität um sich griff und Beyoğlu/Pera ebenso wie Galata/Karaköy zum Slum verkam. Erst seit gut 20 Jahren haben private Gesellschaften mit der Restaurierung und Wiederbelebung begonnen. Und neben vielen interessanten Ausgeh-Locations entstanden Museen wie etwa das Istanbul Modern, das seit 2004 die Freunde aktueller Kunst in ein umgebautes Lagerhaus am Bosporusufer lockt.

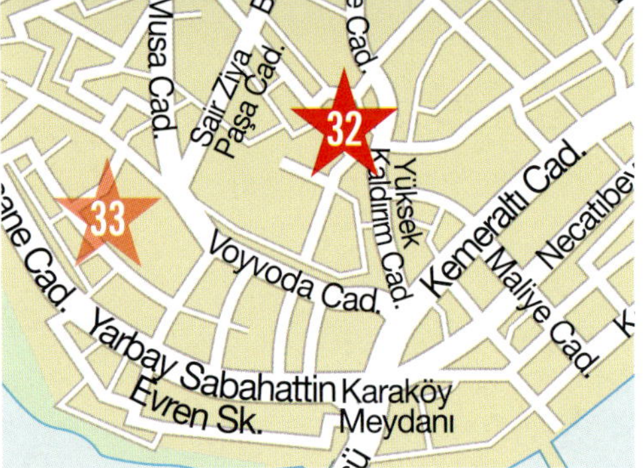

GPS: 41° 1' 32" N, 28° 58' 27" O

32 Galataturm

Das 67 Meter hohe Wahrzeichen, das einst die genuesische Siedlung Galata überragte, dominiert heute die Silhouette des hippen Istanbuler Ausgehviertels Beyoğlu. 1348 als Hauptbastion der Stadtbefestigung errichtet, diente der Turm unter anderem als Wohnquartier für Seeleute und Zwangsarbeiter, als Wachturm, Sternwarte und Brandwache. 1638 schwebte Luftfahrtpionier Hezarfen Çelebi von seiner Spitze über den Bosporus nach Üsküdar. Zwar zerstörten Erdbeben und Brände den Bau wieder und wieder, doch er wurde auch immer wieder repariert, mal erhöht oder auch mit Holzaufbauten ergänzt, bis er in den 1960er-Jahren seine ursprüngliche Gestalt zurückerhielt. Der inzwischen privatisierte Turm beherbergt heute ein Café und einen Nachtclub mit teuren Bauchtanzvorführungen sowie eine Aussichtsplattform mit fantastischem Panoramablick.

1: Tag und Nacht ist die Gegend rund um den Galataturm Treffpunkt der jungen Szene Istanbuls.

2: Café im Galataturm

Galata Kulesi, Bereketzade Mah., Galata Kulesi Sok, Beyoğlu, İstanbul

Telefon: +90 212 293 81 80

geöffnet täglich 9 bis 20.30 Uhr

GALATA

BEST COFFEE SHOP

Vom Galataturm hat man einen phänomenalen Rundblick über die Stadt.

GPS: 41° 1' 27" N, 28° 58' 15" O

33 Arabische Moschee

Der länglich-rechteckige Bau mit dem mächtigen Glockenturm ist das einzige Beispiel eines mittelalterlichen gotischen Sakralbaus in Istanbul. Die ursprünglich römisch-katholische Kirche (Santi Paolo e Domenico) wurde 1325 von Dominikanermönchen in der Nähe oder über einer früheren Kapelle (San Paolo) errichtet und zwischen 1475 und 1478 unter Mehmed dem Eroberer in eine Moschee umgewandelt. Später übergab Sultan Bayazid II. die Galata-Moschee (wie sie inzwischen hieß) an muslimische Araber aus al-Andalus, die der spanischen Inquisition entkommen waren und sich in Istanbul ansiedelten; ihnen verdankt die Moschee ihren heutigen Namen.

1: Innenraum der Arap Camii in Karaköy, Beyoğlu

2: Der Şadırvan (Reinigungsbrunnen) von 1868 im Hof der Arabischen Moschee stammt wie viele andere Hinzufügungen und Umbauten aus osmanischer Zeit.

Arap Camü, Arap Cami Mahallesi, Tersane Caddesi, 34 420 İstanbul

1

2

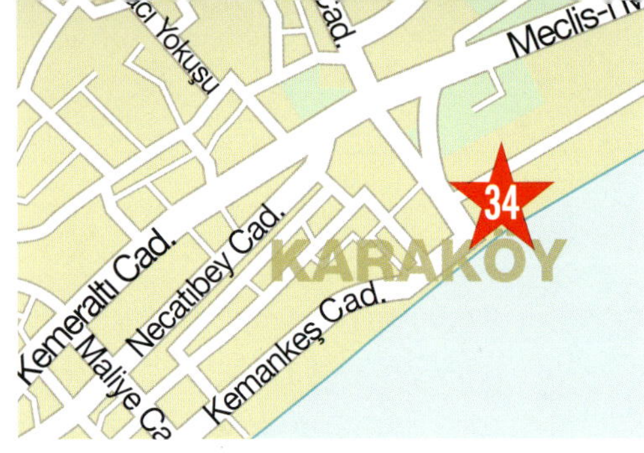

GPS: 41° 1' 34" N, 28° 58' 59" O

34 İstanbul Modern

Achttausend Quadratmeter für zeitgenössische Kunst. Was vor einer Generation noch nicht denkbar schien, ist heute Wirklichkeit. Kunstmaler sein gilt nicht mehr bei allen als Spinnerei, die Kunstszene boomt, und vor nunmehr gut zehn Jahren eröffnete mit dem İstanbul Modern 2004 das erste Museum für zeitgenössische Kunst in der Türkei. Schon Räumlichkeiten und Ort des Museums, das in einer alten Lagerhalle am Bosporus und direkt neben den Anlegekais der großen Kreuzfahrtschiffe untergebracht ist, sind etwas Besonderes. Innerhalb weniger Monate wurde die Halle am Hafen von Karaköy in ein avantgardistisches Museum umgebaut. Die Exponate aus der ständigen Sammlung des Hauses – die zum Großteil mit der Sammlung der Industriellenfamilie Eczacıbaşı identisch ist und alle wichtigen türkischen Künstler der letzten 150 Jahre umfasst – werden jedes Jahr thematisch neu arrangiert. Im Tiefgeschoss des Museums dagegen zeigt man wechselnde Ausstellungen internationaler Künstler.

Aufmerksamkeit verdient auch die Abteilung für Fotografie sowie das Programmkino mit zeitgenössischen Off-Kino-Produktionen. Und auch für den, der sich gar nicht für moderne Kunst interessiert, wird der Besuch zum Erlebnis. Denn von der sehr schicken Caféteria des Museums genießt man einen tollen Blick auf den Bosporus.

1: In einer ehemaligen Lagerhalle am Bosporus, neben Nusretiye Camii und den Anlegestellen der großen Kreuzfahrtschiffe ist seit 2004 das Museum der modernen Kunst untergebracht.

İstanbul Modern Sanat Müzesi, Meclis-i Mebusan Caddesi, Liman İşletmeleri Sahası Antrepo 4, 34 433 Karaköy, İstanbul

Telefon: +90 212 334 73 00

geöffnet Dienstag bis Sonntag 10 bis 18 Uhr, Donnerstag bis 20 Uhr

1

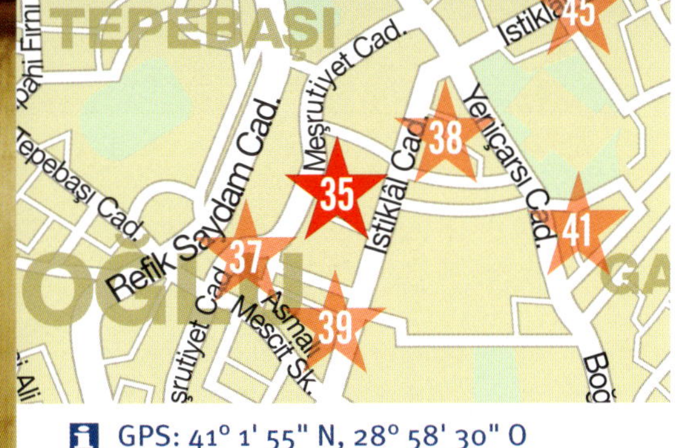

GPS: 41° 1' 55" N, 28° 58' 30" O

35 Pera-Museum

Das Kunstmuseum im Stadtteil Tepebaşı in der Nähe der İstiklal Caddesi und des Taksim-Platzes ist eine Gründung der Stiftung Suna und Inan Kıraç, wobei Suna eine Tochter des türkischen Großindustriellen Vehbi Koç ist. 2002 erwarb die Stiftung das von Achille Manoussos entworfene Jugendstilgebäude des ehemaligen Hotel Bristol und baute es bis 2005 unter Erhaltung der Fassade zu einem voll ausgestatteten modernen Museum aus. Das Museum präsentiert verteilt auf fünf Stockwerke drei Dauerausstellungen, nämlich Kütahya-Keramik, anatolische Maße und Gewichte von der Antike bis ins 19. Jahrhundert sowie etwa 300 Gemälde europäischer und türkischer Künstler vom 17. bis zum 20. Jahrhundert. Der Schwerpunkt der „orientalistischen" Gemäldesammlung umkreist die Themen Porträt, Istanbuler Stadtansichten und osmanische Alltagsszenen. Stark vertreten sind Werke des osmanisch-türkischen Malers, Archäologen und Museumsgründers Osman Hamdi Bey, darunter sein bekanntestes Bild „Der Schildkrötenerzieher", das für die Rekordsumme von umgerechnet 3,5 Millionen US-Dollar für das Museum ersteigert wurde.

2: „Der Schildkrötenerzieher" Osman Hamdi Beys gilt, seit er für fünf Billionen Türkische Lira versteigert wurde, als die „Mona Lisa der Türkei". Über den Inhalt des Werkes, das – wie manche glauben – die Unreformierbarkeit der Türkei symbolisieren soll, ist man jedoch geteilter Meinung.

3: Auswahl von Kütahya-Keramik im Pera Müzesi in Beyoğlu

Pera Müzesi, Asmalı Mescit Mahallesi, Meşrutiyet Caddesi 65, 34430 Tepebaşı, İstanbul

Telefon: + 90 212 334 99 00

geöffnet Dienstag bis Samstag 10 bis 19 Uhr, Sonntag 12 bis 18 Uhr

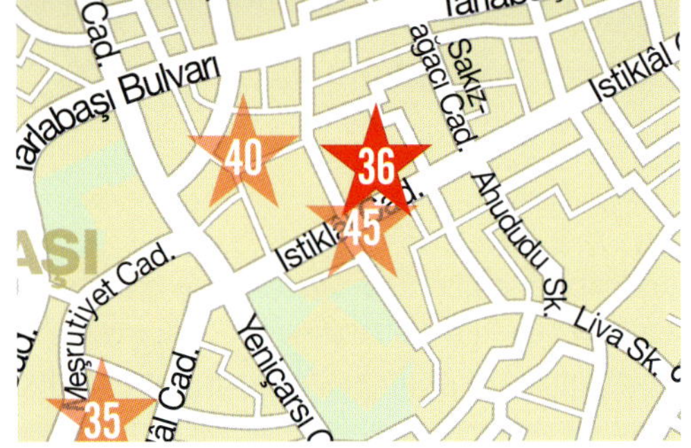

GPS: 41° 2' 3" N, 28° 58' 44" O

36 İstiklal Caddesi

Die bekannteste Flanier- und Shoppingmeile der Stadt ist seit wenigen Jahrzehnten die drei Kilometer lange „Straße der Unabhängigkeit“, wie sie seit der Republiksgründung im Jahr 1923 heißt. Sie ist es wieder. Denn lange Zeit war der sie umgebende Stadtteil im Viertel Beyoğlu, heruntergekommen, Rotlichtmilieu, ein Viertel für arme Zuwanderer, Gangster, Prostituierte. Obgleich die schönen klassizistischen, neogotischen und Jugendstilbauten auch in den traurigsten Zeiten verrieten, dass die Straße eine große Vergangenheit besaß. In dieser glorreichen Ära hieß sie bei den Osmanen „Cadde-i kebir“ (Große Avenue) bei den Levantinern und westlichen Ausländern, „Grande Rue de Péra“. In der Prachtstraße, die am Tünel beginnt und am Taksim-Platz endet, reihen sich noch heute die ausländischen Konsulate (vor 1923 waren es die Botschaften), Kulturinstitute und Schulen ebenso wie Kirchen, Synagogen und Moscheen. Denn hier, in Pera („drüben“, wie schon die Byzantiner die Wiesen jenseits des Goldenen Horn nannten) siedelten sich seit Gründung der genuesischen Handelskolonie Galata bevorzugt die Fremden an: Griechen, Juden, Armenier, Engländer, Franzosen, Deutsche, etc.

Anfang der 1990er-Jahre wurde die Avenue zur Fußgängerzone erklärt, die alte Trambahn wiederbelebt, inzwischen ist der Stadtteil hip geworden, Gebäude wurden saniert und herausgeputzt und die Immobilienpreise schossen in den Himmel; heute gibt es hier nicht nur Boutiquen, Musikläden, Galerien, und Kinos sondern auch Cafés, Patisserien, Nachtclubs und Restaurants. Tagsüber tanzt der Bär, und auch nachts ist in den Clubs und der Straße davor der Teufel los.

1: Die historische Trambahn in der İstiklal Caddesi

İstiklal Caddesi, Beyoğlu, İstanbul

1

GPS: 41° 1' 52" N, 28° 58' 25" O

37 Hotel Pera Palace

Im lebhaften Stadtteil Beyoğlu liegt das historische Hotel Pera Palas oder, französisiert, Pera Palace. Es wurde vom türkisch-französischen Architekten Alexandre Vallaury (1850–1921) im Stil des Historismus errichtet als eines der großen Eisenbahnhotels. Es entstand zu einer Zeit, als die Betreiber von Luxuszügen wie dem Orient Express bestrebt waren, ihren Fahrgästen attraktive Anlaufpunkte in der Ferne zu bieten. Seit seiner Eröffnung im Jahr 1892 lockt das elegante Haus Besucher aus aller Welt an. Die Gästeliste kann mit Namen wie Ernest Hemingway, Agatha Christie und Alfred Hitchcock aufwarten. In den 115 eleganten Zimmern und mehreren Suiten, die das Ambiente des 19. Jahrhunderts bewahrt haben, kann man sich in die Zeit der „Belle Epoque" zurückversetzt fühlen. Von den Fenstern geht der Blick auf das Goldene Horn.

Wer nicht die Zeit und das Geld investieren will, die ein Hotelaufenthalt mit sich bringt, kann dennoch etwas von der Atmosphäre des Hauses schnuppern: beim Besuch eines der Restaurants oder dem klassischen Afternoon Tea, der im Salon Kubbeli zusammen mit Sandwiches, Kuchen und Scones serviert wird.

2: Mehrmals behutsam renoviert, strahlt das Pera Palas das Flair der Belle Epoque bis heute aus.

Öffnungszeiten des Salons Kubbeli: täglich von 7.30 bis 23.00 Uhr (Kleiderordnung: sportlich elegant)

Meşrutiyet Caddesi No: 52, 34430 Tepebaşı Beyoğlu, İstanbul

Tel: +90 212 377 4000

www.jumeirah.com/de/hotels-resorts/istanbul/pera-palace-hotel-jumeirah

GPS: 41° 1' 57" N, 28° 58' 36" O

38 Restaurant „360 Istanbul“

2006 wurde das Glashaus von den Istanbulern zum schönsten Restaurant ihrer Stadt gewählt. Von der Blauen Moschee übers Goldene Horn bis zur benachbarten Sankt-Anton-Kirche – hier liegt einem die ganze Stadt zu Füßen. Restaurant, Lounge und Bar sind in einem futuristischen Penthouse untergebracht, der auf einen alten Stadtpalast in der İstiklal Caddesi aufgesetzt wurde und den Gästen einen fantastischen Rundumblick gewährt. (Gebaut übrigens wurde der Palast im 19. Jahrhundert für einen ägyptischen Pascha.)

Hier treffen sich Istanbuls Reiche und Schöne, genießen türkische und internationale Cuisine. Und am Wochenende Punkt Mitternacht verwandelt sich das Restaurant unter Elektrobeatklängen und angeheizt von DJs in einen veritablen Tanztempel. Wer allerdings unter Höhenangst leidet, sollte sich fernhalten vom Glasboden vor der Bar. Denn darunter öffnet sich das Treppenhaus, geht es acht Stockwerke in die Tiefe.

So exklusiv sich das 360 Istanbul allerdings auch gibt und wirkt; wegen des großen Erfolgs (so muss man annehmen) gibt es noch zwei Ableger davon, das 360 Istanbul East in Moda/Kadıköy, und das 360 Istanbul Suada Club auf der Bosporusinsel Galatasaray. Aber keine Angst, die beiden sind genauso exklusiv wie das Original!

1: Ein atemberaubender 360-Grad-Panoramablick erwartet den Gast des Restaurants „360 Istanbul“ in einem achtstöckigen Jugendstilpalast auf der İstiklal Caddesi.

İstiklal Caddesi 311, Mısır Apartmanı, Beyoğlu, İstanbul
Telefon: +90 212 251 10 42-43
geöffnet Sonntag bis Donnerstag 12 bis 2 Uhr
Freitag bis Samstag 12 bis 4 Uhr
www.360istanbul.com

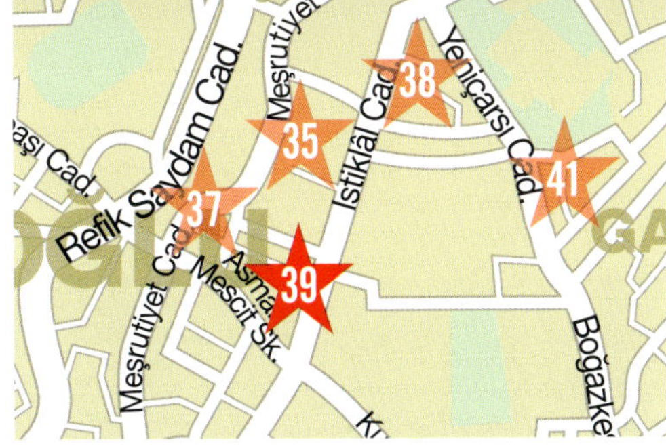

GPS: 41° 1' 47" N, 28° 58' 31" O

39 Café Markiz

Im Jugendstilambiente des Café Markiz (Markiz Pastanesi), heute von Yemek Kulübü betrieben, kann man den Geist und die Grandezza der alten Grande Rue de Péra erahnen. Das 1840 gegründete und damit älteste Café der Stadt, das damals noch Lebon hieß, wurde schon bald nach seiner Eröffnung zum Treffpunkt von Künstlern und Intellektuellen, hat einen festen Platz im historischen Gefüge der Stadt und wird von vielen Einheimischen geradezu geliebt. „Nur hier genoss man das Privileg, in der Menge einsam zu sein … Man braucht solche geistigen Zufluchtsorte", schrieb Haldun Taner vor einigen Jahrzehnten. Bis 1979 blieb es eine Institution, dann wurde es jedoch geschlossen und verkam, wie das ganze Viertel, die ganze İstiklal Caddesi.

Im Dezember 2003 wurden nach gründlicher Renovierung das Café und die 9000 Quadratmeter zugehörige große Passage mit Bar, Konditorei und teuren Läden wiedereröffnet. So reiht sich die Markiz Pasajı, die einst Passage *Orientale* hieß, wieder ein in die berühmten Passagen Istanbuls in Beyoğlu wie die *Cité de Péra* (Çiçek Pasajı), die *Aznavur* oder die *Atlas*.

2: Mit seinem mit Jugendstilkacheln ausgeschmückten Interieur gehören das Café Markiz und die damit verbundene Passage zu den wenigen original erhaltenen Gebäuden aus dem 19. Jahrhundert. Berühmt sind die dekorativen Fayencen der vier Jahreszeiten, wobei allerdings Winter und Sommer offenbar schon vor langer Zeit abhanden kamen.

Markiz Pastanesi, Asmalımescit Mahallesi, İstiklal Caddesi 172, 34430 Beyoğlu, İstanbul
Telefon: +90 212 252 27 01
geöffnet täglich 9 bis 22 Uhr

2

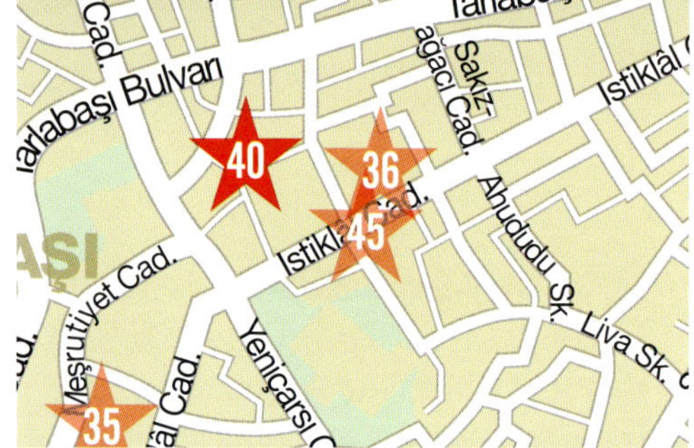

GPS: 41° 2' 2" N, 28° 58' 41" O (Çiçek Pasajı)
41° 2' 5" N, 28° 58' 39" O (Nevizade Sokağı)

40 Çiçek Pasajı und Nevizade Sokağı

Die berühmte Çiçek Pasajı (das heißt Blumenpassage) wurde 1876 unter ihrem damaligen Namen Cité de Péra in der heutigen İstiklal Caddesi gegenüber dem Galatasaray-Gymnasium eröffnet. Heute ist die einst feine Adresse eine sehr volkstümliche, wenn auch überteuerte Fressgasse mit Raki-Kneipen, wo Roma-Musiker von Tisch zu Tisch ziehen. Die Passage entstand nach einem Feuer in Pera an einer Stelle, wo vorher ein Theater gestanden hatte. Der griechische Bankier Hristaki Zoğrafos Efendi ließ sie im Neobarock und -rokoko erbauen, und zunächst hieß sie Cité de Péra oder Hristaki Pasajı, ein Name, der sich 1908 in Sait Paşa Pasajı änderte, da ein Großwesir das Ganze erworben hatte und neuer Eigentümer geworden war. Zur Blumenpassage wurde der Bau nach der Russischen Revolution, als viele verarmte russische Aristokratinnen einschließlich einer Baronesse hier Blumen verkauften und es um 1940 herum fast nur noch Blumenläden in der Passage gab.

Verlässt man die Çiçek Pasajı durch den Hinterausgang, gelangt man – am Fischmarkt vorbei – in die enge Nevizade Sokağı, die wahrscheinlich inzwischen die berühmteste Gasse in Beyoğlu ist, in der sich eine Meyhane (jene Trinkstube mit den berühmten Vorspeisen, den mezeler) an die nächste reiht.

1: Die neobarocke Architektur der Blumenpassage wurde vom griechischen Architekten Kleanthis Zannos geschaffen, und die erste hier eröffnete Weinstube war Yorgo'nun Meyhanesi (Yorgos Trinkstube).

2: Die Nevizade Sokağı gehört zu den angesagtesten Ausgehmeilen der Stadt, wo 7 Tage die Woche 24 Stunden lang etwas los ist.

Çiçek Pasajı, Nevizade Sokağı, Hüseyinağa Mah., 34435 Beyoğlu, İstanbul
www.tarihicicekpasaji.com

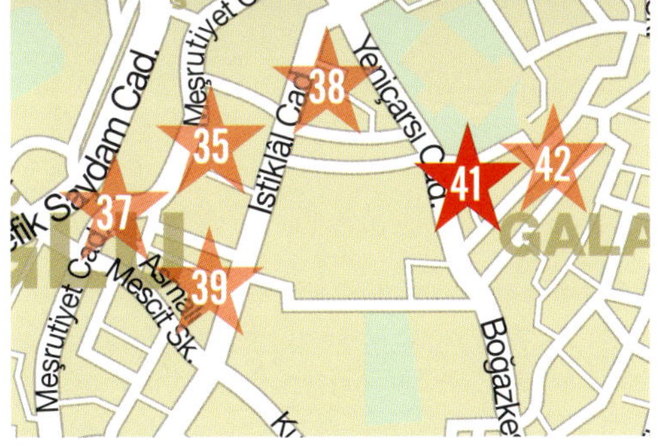

GPS: 41° 1' 53" N, 28° 58' 45" O

41 Cezayir Sokağı

Im Juli 2004 wurde die Cezayir – oder vielmehr die Franzıs Sokağı –, eine steile, malerische Fußgängergasse hinter dem Galatasaray-Gymnasium, mit einem viertägigen Fest neu eröffnet. Zunächst hatte man alle Häuser in der Algerienstraße (wie sie übersetzt heißt) aufgekauft und sie zwei Jahre lang mit Hilfe des französischen Kulturinstituts in Istanbul und der Pariser Stadtverwaltung zur „Französischen Straße" umgebaut. Ziel dabei war, an den Einfluss Frankreichs auf das Osmanische Reich im 19. Jahrhundert zu erinnern. Pariser Architekten halfen beim Besorgen von Pflastersteinen, und die Pariser Stadtverwaltung lieferte die Straßenlaternen. Anfang 2012 gab es hier hübsche Restaurants, Cafés, Galerien und eine Konditorei; das Marketing-Konzept des Umbaus schien aufgegangen zu sein. Doch dann bestätigte im Januar 2012 der französische Senat einen Gesetzentwurf, der bestimmte, dass die Leugnung von Genoziden (also auch dem armenischen) mit schweren Geld- und Haftstrafen geahndet werden könne, und in der Französischen Straße war der Teufel los. Händler und Cafébetreiber machten so viel Druck, dass die Istanbuler Stadtverwaltung die Straßenschilder wieder entfernen ließ und erklärte, die Umbenennung habe in Wirklichkeit nie stattgefunden. Für die Touristen jedoch existiert die Französische Straße noch heute, und sie finden dort je nachdem „a taste of France", fühlen sich an Montmartre erinnert, oder sind enttäuscht, dass alles so türkisch ist.

3: Die enge, steile Algerien- oder Französische Straße bei Nacht

4: Die zahlreichen Restaurants in der Cezayir Sokağı laden zum Verweilen ein.

Cezayir Sokağı, 34425 Beyoğlu, İstanbul

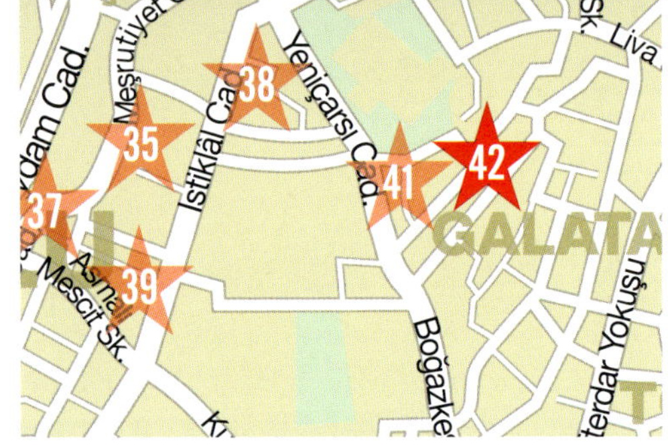

GPS: 41° 1' 54" N, 28° 58' 50" O

42 Antiquitäten- und Trödelläden in Çukurcuma

Zwischen dem bohemienhaften Cihangir und der legendären İstiklal gelegen, fühlt man sich in Çukurcuma angesichts der kleinen Läden und traditionellen Teehäuser auf den ersten Blick in eine etwas altmodische Nachbarschaft versetzt. Und es ist tatsächlich ein historisches Pflaster, dessen Anfänge im 13. Jahrhundert liegen. Lange haben hier Armenier und Griechen gelebt, was sich noch heute an schönen, aber oft vernachlässigten Stadthäusern ablesen lässt. Doch dann biegt man um eine Ecke, und mitten im Omi-Viertel springen einem wilde Graffiti entgegen, oder man glotzt in ein Schaufenster mit sündteuren Designerklamotten.

Berühmt ist Çukurcuma allerdings eher wegen seiner Antiquitätenläden, die einen, wenn man sich die Zeit gönnt – Stunden und Tage beschäftigen können. Möbel, alte Schallplatten, Schuhe, Postkarten – hier findet man alles, und jedes Ding hat seine Geschichte. Nicht umsonst hat der türkische Nobelpreisträger Orhan Pamuk sein „Museum der Unschuld", in dem er Dinge sammelte die ihn an die Kindheit erinnern und beim Schreiben inspirieren, in Çukurcuma eröffnet.

1: Trödelladen in Çukurcuma, Beyoğlu

„Museum der Unschuld" (Masumiyet Müzesi), Çukurcuma Caddesi, Dalgıç Çıkmazı, 2, 34425 Beyoğlu, İstanbul

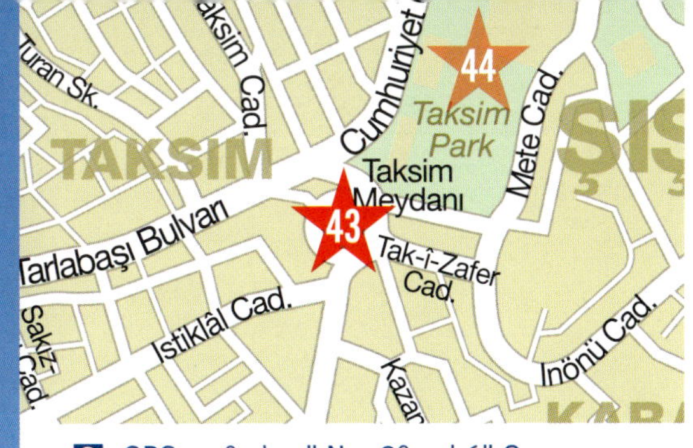

GPS: 41° 2' 13" N, 28° 59' 6" O

43 Taksim-Platz

Besonders schön war der Taksim Meydanı, wie er auf Türkisch heißt, noch nie – und in älteren Reiseführer wird er gar nicht erwähnt. Es sind eher praktische Gründe, die ihn bedeutsam machen. Zunächst ist er ein wichtiger Verkehrsknotenpunkt, von dem aus mehrere verkehrsreiche Straßen wie etwa der Tarlabaşı Bulvarı (nach Fatih) oder die Straße der Republik (nach Şişli) und die heutige Fußgängermeile İstiklal Caddesi in alle Richtungen führen. Verkehrstechnisch bedeutsam sind auch Bushaltestellen, Metro und die Standseilbahn zu den Bosporusfähren und in touristischer Hinsicht die nostalgische Trambahn, die hier eine Wendeschleife hat.

Der Name des Platzes, der nur wenige Meter unterhalb des höchsten Punktes von Beyoğlu liegt, leitet sich vom arabischen taqsīm („Verteilung") ab, denn hier endete eine 1731 erbaute Fernwasserleitung, die vor allem öffentliche Brunnenhäuser sowie einen Palast mit Wasser aus dem Belgrader Wald versorgte.

Im Zentrum des Platzes steht das 1928 errichtete Denkmal der Republik des italienischen Bildhauers Canonica, das an die Republiksgründung von 1923 erinnern soll und auf dem Atatürk und seine Kampfgefährten General İsmet Inönü und Marschall Fevzi Çakmak durch einen Bogen schreiten. Es ist der zentrale Ort für Kranzniederlegungen an staatlichen Feiertagen. Im Norden des Platzes befindet sich der Gezi-Park mit der letzten baumbestandenen Grünfläche, im Süden das Hochhaus des Marmara-Hotels, im Osten das Atatürk-Kulturzentrum, in dem die türkische Staatsoper und das Staatsballett zu Hause sind.

2: Denkmal der Republik (Cumhuriyet Anıtı) am Taksim-Platz in Beyoğlu

Taksim Meydanı, Beyoğlu, İstanbul

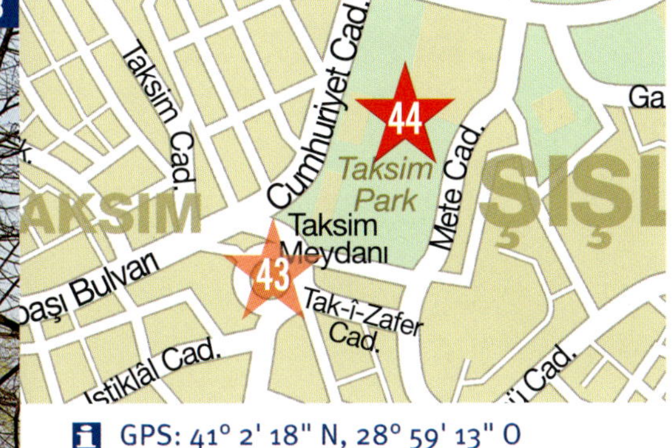

GPS: 41° 2' 18" N, 28° 59' 13" O

44 Gezi-Park

Der unmittelbar an den Taksim-Platz angrenzende Gezi-Park, eine der wenigen städtischen Grünflächen Istanbuls, entstand auf Anregung Atatürks und nach den Plänen des französischen Stadtplaners Henri Prost auf dem Gelände eines Gartens sowie eines aufgelassenen muslimischen Friedhofs. Ursprünglich sehr viel größer geplant, wurden bereits seit Ende der 1940er-Jahre auf der dafür ausgewiesenen Fläche immer wieder Gebäude errichtet. Heute besteht er aus einem Gartenparterre mit zwei Springbrunnen sowie dichtem Baumbestand an den Seiten, darunter Bäume aus der Gründungszeit vor 70 Jahren.

Im Sommer 2013 gelangte der Park, als die Regierung Erdoğan ihn einem geplanten Einkaufszentrum opfern wollte und bereits die Bagger anrollten, in die Schlagzeilen der internationalen Berichterstattung. Die wochenlangen Gezi-Park-Proteste gerieten zu einer landesweiten Demonstration der türkischen Jugend und Zivilgesellschaft, in der sich eine tiefere und allgemeinere Unzufriedenheit mit der türkischen Regierung ausdrückte. Monatelang kam es zu Auseinandersetzungen zwischen Demonstranten und Polizei, obwohl bereits Anfang Juli das Verwaltungsgericht Istanbul den Bebauungsplan verweigert hatte.

3: Der Gezi-Park ist eine der letzten baumbestandenen Grünflächen Istanbuls, die noch nicht der allerorten grassierenden Bauwut zum Opfer gefallen ist, und bleibt ein wichtiges, wenn auch kleines Erholungsgebiet für die Bewohner.

Gezi Parkı, Taksim Meydanı, Beyoğlu, İstanbul

KUVEYTTÜRK
19. NOTERLIĞI
TÜRK HAVA YOLLARI
AKBANK

Der Taksim-Platz mit dem Denkmal der Republik, dem bevorzugten Ablegeplatz für Kränze an staatlichen Feiertagen. Das 1919 hier errichtete Mahnmal zum Gedenken an den Völkermord der Armenier verschwand 1922 unter bis heute ungeklärten Umständen.

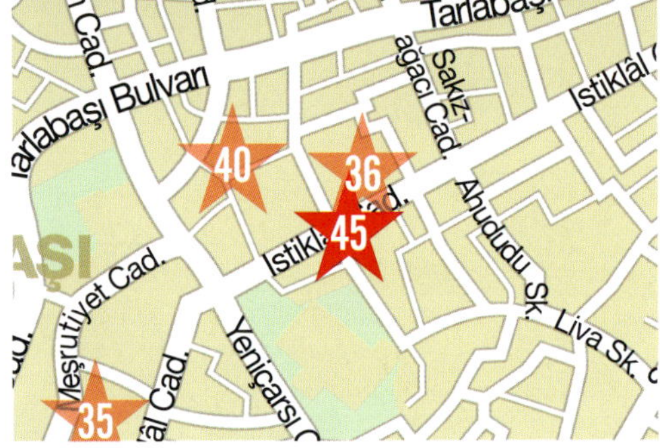

GPS: 41° 1' 56" N, 28° 58' 34" O

45 Istanbuls Nachtleben

Das Nachtleben Istanbuls, dieser kulturellen Grenzstadt am Schnittpunkt von Europa und Vorderem Orient, ist vielfältig und schillernd und dem von Paris, London und New York durchaus vergleichbar. In der Stadt leben heute etwa 17 bis 20 Millionen Menschen, wobei die Altersgruppe unter 35 die absolute Mehrheit bildet, sodass sich allnächtlich ein nicht enden wollender Strom junger Leute auf der Suche nach Vergnügen und Unterhaltung in die Straßen Beyoğlus ergießt. Wesentlich dabei ist aber nicht die schiere Menge, sondern die Dynamik, Jugendlichkeit, Vielfalt, der Drive, die Lust zu feiern, die die Istanbuler auszeichnet und ihre Stadt zu einer der vibrierendsten und beneidenswertesten der Welt macht. Im Zentrum des Nachtlebens an der İstiklal Caddesi ist die Zahl der Cafés, Restaurants und Clubs, die sich Tür an Tür aneinanderreihen und Stockwerk für Stockwerk übereinanderstapeln, schlicht unüberschaubar. Mit guter Kondition kann man nacheinander ein Kaffeehaus, eine Meyhane oder ein Restaurant und danach noch mehrere Musikclubs oder Tanzschuppen schaffen, um vielleicht frühmorgens den Sonnenaufgang überm Meer zu genießen. Etwas ruhiger und übersichtlicher ist die Kneipen- und Ausgehszene in Ortaköy oder auch im asiatischen Kadıköy.

1: Live-Musik im Elhamra Biraci Club an der İstiklal Caddesi, der weltweit besonders bei Studenten sehr populär ist
2: Cafés und Restaurants mit Blick auf die erste Bosporusbrücke (von 1973) im Ausgehviertel Ortaköy. Hier locken vor allem gemütliche Bars und große Open-Air-Discos.
3: Café Cheesecake in Ortaköy, Beşiktaş, Istanbul

Aktuelle Ausgehtipps und Events unter:
www.timeoutistanbul.com/en/nightlife

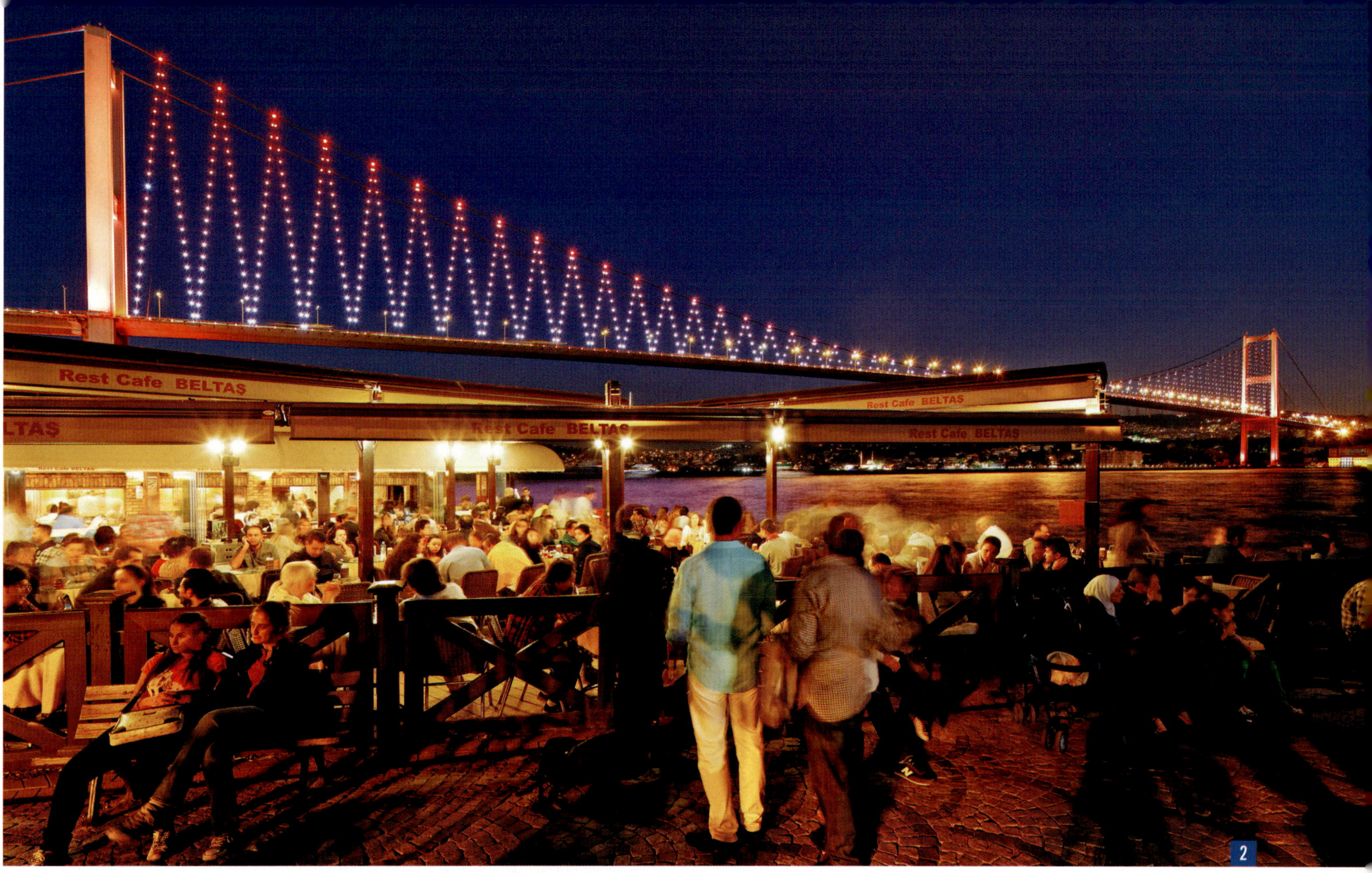

2

3

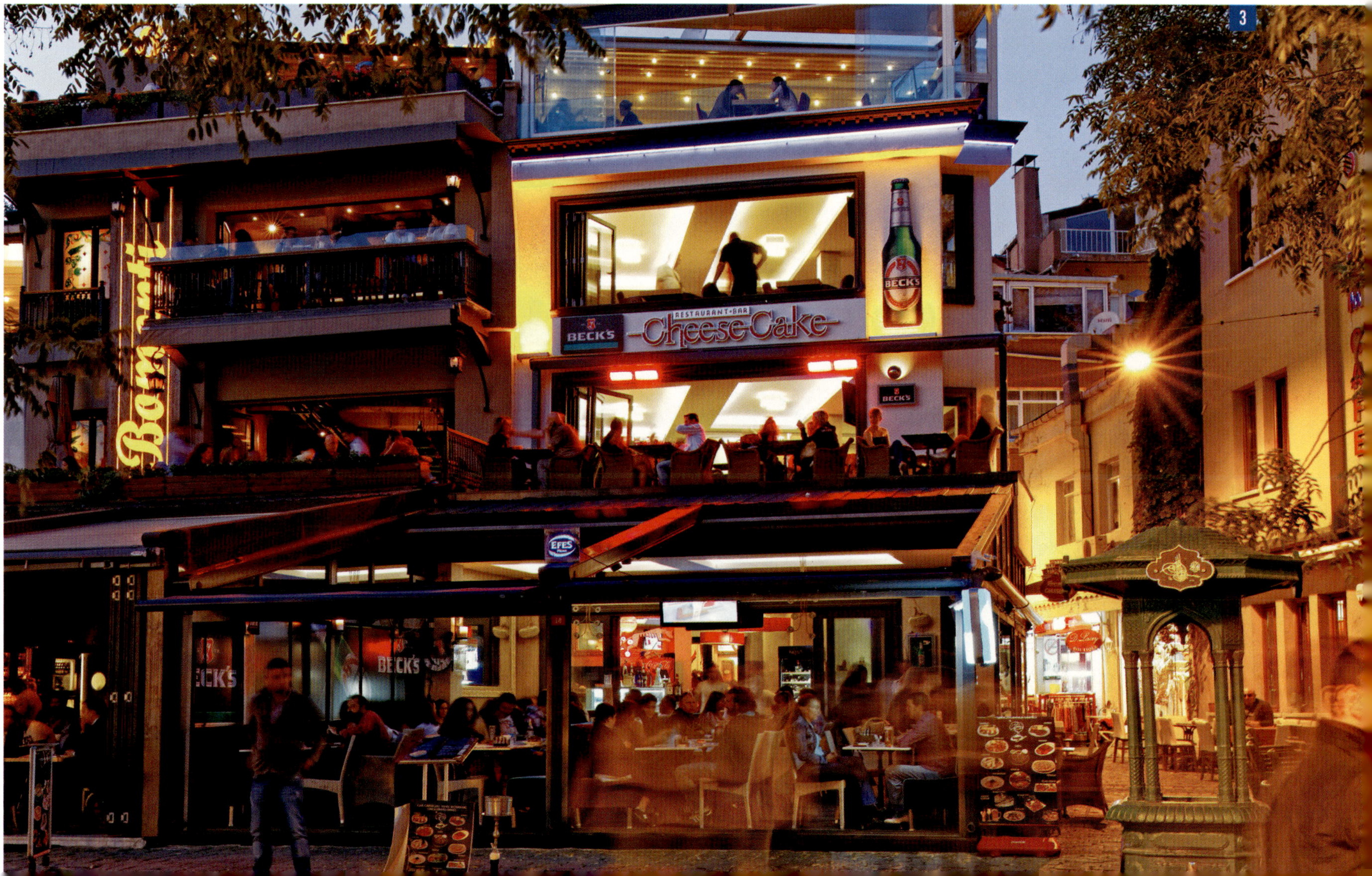

GPS: 41° 2' 22" N, 29° 0' 5" O

46 Dolmabahçe-Palast

Geld spielte keine Rolle, als Sultan Abdülmecid beschloss, auch er müsse nun endlich mit seinem gesamten Hof an den Bosporus ziehen, fort von der immer dichter besiedelten Altstadt und den dort drohenden Feuersbrünsten und Epidemien hin an die Wasserstraße, wo bereits seit dem 18. Jahrhundert viele Würdenträger ihre Wohnsitze hatten. 1843 beauftragte er den armenischen Architekten Karabet Balyan, ihm eine repräsentative Palastanlage zu bauen, die europäischen Königsschlössern in nichts nachstand. Alle Einrichtungsgegenstände wie böhmische Kristalllüster oder Seidenvorhänge aus Lyon wurden aus Europa geliefert. Und dennoch entsprach der Palast von seiner Anlage mit Harem, Eunuchengemächern et cetera ganz den Bedürfnissen eines osmanischen Hofstaats. Aber vor allem, darauf war man besonders stolz, entsprach die Ausstattung mit Gasbeleuchtung und wassergespülten Toiletten von Anfang an modernstem technischem Standard der damaligen Zeit.

1: Der größte Kronleuchter der Welt im Großen Empfangssaal des Dolmabahçe Sarayı war ein Geschenk Königin Viktorias.
2: Uhrturm von Dolmabahçe
3: Der Bau des Palasts verschlang fünf Millionen Pfund Sterling, ein Viertel der jährlichen Steuereinnahmen.

1

2

Dolmabahçe Sarayı, Vişnezade Mh., 34357 İstanbul
Telefon: +90 212 236 90 00
geöffnet Dienstag bis Sonntag 9 bis 16 Uhr

3

Hinter der Restaurantterrasse des Dolmabahçe-Palasts erhebt sich die Kuppel der Dolmabahçe-Moschee, die im Auftrag der Mutter des Sultans Bezmialem Valide Sultan erbaut wurde.

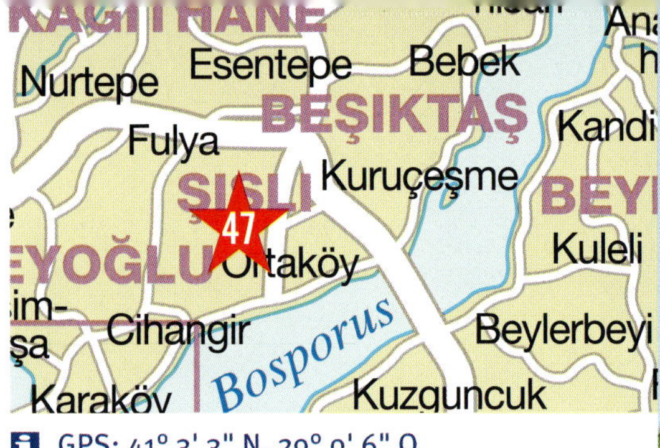

GPS: 41° 3' 3" N, 29° 0' 6" O

47 Ihlamur Kasrı

Trotz klammer Staatskassen beschränkte Sultan Abdülmecid seine Bautätigkeit nicht auf die neue Hauptresidenz Dolmabahçe, sondern ließ gleich dahinter im Tal der Linden (Ihlamur) einen kleinen Jagdpavillon abreißen (in dem er noch 1850 den französischen Dichter Alphonse de Lamartine empfangen hatte) und ersetzte ihn durch zwei kleine Gebäude von Nikoğos Balyan im Rokokostil: den schlichteren Maiyet Köşkü (Hofpavillon) sowie Merasim Köşkü (den Festpavillon). Beide stehen auf hohen Unterbauten und sind über hufeisenförmige Doppeltreppen zugänglich, allerdings besitzt Merasim Köşkü darüber hinaus die ersten Seitenbalkone der osmanischen Architektur. Im Innern mit Lüstern, Stuckdecken und französischem Mobiliar ausgestattet, war das Palais des Merasim Köşkü ein beliebtes Ausflugsziel des Hofes, wie es der umgebende Lindenpark noch heute für seine Besucher ist.

1: Marmordekoration am Festpavillon
2: Merasim Köşkü (Festpavillon) des Ihlamur Kasrı

1

2

Ihlamur Kasrı, Ihlamurdere Cad., Beşiktaş, İstanbul
Telefon: +90 212 259 50 86
geöffnet Dienstag bis Mittwoch und Freitag bis Sonntag 9.30 bis 17.30 Uhr

GPS: 41° 3' 8" N, 29° 0' 46" O

48 Yıldız-Palast

Aus Angst vor Angriffen auf seinen Palast von der Seeseite her beschloss Sultan Abdülhamid (1876–1909) im späten 19. Jahrhundert, den Dolmabahçe-Palast zu verlassen und seine Residenz in den durch hohe Mauern geschützten Yıldız Sarayı zu verlegen. Der neue Palast entstand auf einem vormals für die Jagd genutzten bewaldeten Gebiet, auf dem bereits mehrere Vorgänger des Sultans verschiedene Wohnsitze (Büyük Mabeyn) hatten erbauen lassen. Abdülhamid beauftragte den italienischen Architekten Raimondo d'Aronco mit der Errichtung neuer Gebäude, darunter dem Şale-Kiosk, der – wie sein Name schon verrät – einem Schweizer Chalet nachempfunden ist und zum neuen Wohnsitz Abdülhamids wurde. Jede Nacht schlief der misstrauische Sultan in einem anderen Raum, und den Park besuchte er nur mit geladenen Pistolen. Bei einem dieser Spaziergänge erschoss er seinen eigenen Gärtner, der ihn aufgeschreckt und den der Sultan nicht erkannt hatte. Am 24. April 1909 stürmten die revolutionären Jungtürken den Palast und schickten den Sultan ins Exil. Seinen Harem löste man auf.

Heute beherbergt der Yıldız-Palast das Yıldız Sarayı Müzesi, in dem man die Sultansgemächer und ihr noch erhaltenes Mobiliar besichtigen kann.

1: Der an ein Schweizer Chalet erinnernde Şale Köşkü war die vierte und letzte Residenz der osmanischen Sultane.

Yıldız Sarayı Müzesi, Barbaros Bulvarı, Serencebey Yokuşu 62, 34349 Beşiktaş, İstanbul

Telefon: +90 212 258 30 80
geöffnet Mittwoch bis Montag 9 bis 16.30 Uhr

1

GPS: 41° 2' 54" N, 29° 0' 56" O

49 Yıldız-Park

Direkt vis-à-vis vom Çırağan-Palast liegt der Eingang zum Yıldız-Park, der mit 160 Hektar Fläche nicht nur einer der größten Istanbuls, sondern mit seinem alten Baumbestand, seinen Weihern, Holzbrücken, Pavillons und Picknickplätzen auch eine veritable Insel der Ruhe und Erholung ist. In byzantinischer Zeit gab es hier einen Wald, in der Ära Süleymans des Prächtigen diente das Gebiet als Jagdrevier. Seinen Namen verdankt der Park dem nahen Pavillon Yıldız Kasrı, den Sultan Selim III. im frühen 19. Jahrhundert hier errichten ließ. Beliebte Ausflugsziele sind Çadır Köşkü im Westen des Parks, den sein Erbauer Abdülaziz als Gefängnis nutzte, ebenso wie der etwas nördlicher gelegene, von Sarkis Balyan errichtete Malta-Pavillon (mit herrlichem Bosporus-Blick), mit dessen Namen vermutlich an die Belagerung von Malta erinnert werden sollte; der einstige Jagdpalast mit der gelb-grünen Fassade besitzt wunderschöne Deckenmalereien und zeichnet sich durch ein kreatives Stilgemisch aus Neoklassizismus, Rokoko, Barock, Empire sowie islamischen Elementen aus. Ebenfalls lohnenswert ist auch ein Besuch in der Ende des 19. Jahrhunderts gegründeten berühmten Yıldız-Porzellanfabrik.

2: Anlässlich des alljährlichen Istanbuler Tulpenfestivals erblüht auch der Yıldız-Park in rosaroter Pracht.

2: Im nördlichen Teil des Yıldız-Parks befindet sich der Malta-Kiosk.

Tipp: In den Pavillons kann man wunderbar Tee trinken, frühstücken oder Mittag essen.

Yıldız Parkı, Çırağan Caddesi, 34 349 Beşiktaş, İstanbul

Telefon: +90 212 261 84 60
geöffnet täglich 8 bis 22 Uhr

GPS: 41° 2' 40" N, 29° 1' 0" O

50 Çırağan-Palast

Mit Abdülaziz (1861–1876), Bruder und Nachfolger des Dolmabahçe-Erbauers Abdülmecid, begann ein neuer Bauboom. Nach dem Neorenaissancebau seiner eher kleinen Sommerresidenz Beylerbey wünschte er sich von seinen Architekten Karabet, Agop und Sarkis Balyan nun einen großen Palast, der am europäischen Ufer des Bosporus zwischen Beşiktaş und Ortaköy entstehen sollte. Es war nicht der erste Palast, der „an diesem wunderschönen Ort" (wie Lady Mary Wortley Montague bereits 1717 schrieb), dem Kanzancıoğlu-Garten nämlich, entstand, sondern schon der vierte. Çırağan Sarayı, ein „Palast aus Tausendundeiner Nacht", wurde mit vier Millionen Goldstücken veranschlagt und realisiert, und war als Dauerresidenz konzipiert. Mit seiner Abfolge von Quersälen als ordnenden Elementen für die Zimmer und der Aufteilung in zwei Bereiche durch einen zentralen Raum entspricht er dem Stil des Dolmabahçe Sarayı, ist ansonsten jedoch sehr viel verspielter und orientalischer. Der 1871 fertiggestellte Palast war nicht lange Herrscherresidenz. Sultan Abdülaziz lebte hier nur kurz bis zu seinem Tod 1876, der bis heute nicht geklärt ist. Später wurde hier Sultan Murad V. zusammen mit seiner Familie bis zu seinem Tod im Jahr 1904 festgehalten, 1909 diente der Palast wenige Monate lang als Parlamentsgebäude und 1910 wurde er bei einem Brand bis auf die Außenmauern zerstört.

1987 übernahm ihn eine japanische Investorengruppe und baute ihn als Palasthotel der Kempinski-Hotelgruppe aus. Das Hotel gehört seither zur Vereinigung „The Leading Hotels of the World".

1: Çırağan Sarayı, vom Bosporus aus gesehen. Der Palast brannte 1910 vollständig aus, heute beherbergt er ein Luxushotel der 5-Sterne-Klasse.

Kempinski Ciragan Palace, Çırağan Caddesi 32, 34 349 İstanbul,
Telefon: +90 212 2326 46 46

Çırağan Palace

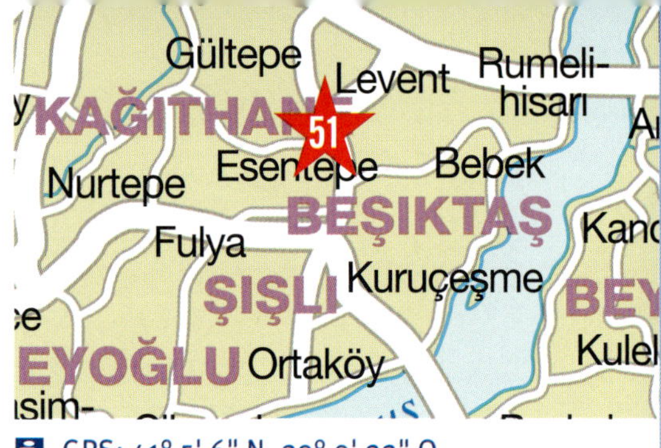

GPS: 41° 5' 6" N, 29° 0' 22" O

51 Istanbul Sapphire Tower

Am 4. März 2011 wurde der Istanbul Sapphire oder auch Sapphire of Istanbul im zentralen Geschäftsviertel Levent eröffnet. Erbaut vom Istanbuler Architekturbüro Tabanlıoğlu Mimarlık im Auftrag der Biskon Yapı für die Kiler Holding ist er mit 261 Metern Höhe und 66 Stockwerken nicht nur das höchste Gebäude des Landes sondern auch das erste ökologisch gebaute Hochhaus und das umweltfreundlichste gewerblich genutzte Gebäude der Türkei. Allein durch die Doppelfassadenkonstruktion soll die Energieeinsparung bei etwa 30 Prozent liegen, und auf jeder dritten Etage wurde ein vertikaler Garten angelegt. Die 165 000 Quadratmeter Nutzfläche werden in erster Linie als Büros genutzt, allerdings bietet der Turm noch viel mehr: 177 Luxuswohnungen, einen Golfplatz in 165 Meter Höhe mit Blick auf den Bosporus, eine Aussichtsplattform für Besucher und eine 34 000 Quadratmeter große Mall.

1: Istanbul Sapphire, Levent, Beşiktaş
2: Café im Istanbul Sapphire
3: Blick vom Istanbul Sapphire über das Finanzviertel bis zum Bosporus
4: Einkaufszentrum im Istanbul Sapphire

2

1

Emniyetevlerie Mah., Eski Büyükdere Cad. 1, Beşiktaş, İstanbul
Telefon: +90 212 268 80 80

3

4

GPS: 41° 6' 0" N, 29° 3' 55" O (1)

52 Bootsfahrt auf dem Bosporus

Der Bosporus, Nahtstelle zwischen Europa und Asien, ist seit der Antike, als ihm der griechische Mythos seinen Namen der „Rinderfurt“ verlieh, eine der weltweit wichtigsten Wasserstraßen. Mächte und Großmächte, die ihn kontrollierten (von den Megaräern bis zu den Osmanen) versuchten damit auch das Schwarze Meer und den Handel mit den anliegenden Regionen zu kontrollieren. Noch heute durchfahren jährlich über 50 000 Frachtschiffe die Meerenge, wobei es trotz strenger Vorschriften immer wieder zu Unfällen kommt. Auch für den Besucher Istanbuls, dieser Stadt am Meer und an den Meerengen, erschließt sich erst so recht und tief am und auf dem Bosporus das Wesen und die Schönheit dieser Stadt. Wer auf eine der regelmäßig verkehrenden Bosporusfähren aufsteigt, sei es, um, wie die Tagespendler, die kurze Strecke von Europa nach Asien oder umgekehrt zurückzulegen, oder aber sich längs der Meerenge von Süden nach Norden oder vice versa zu bewegen, hier – in der erzwungenen Verlangsamung der Schiffsbewegung – kann sich davontragen lassen in eine andere, eine ältere Welt. Wer eine dieser Fähren besteigt, kann – während die Schiffshupe tutet, Teeverkäufer rufen, Mitreisende leise murmeln – auf einer Holzbank sitzend oder an der Reling stehend, geblendet vom Licht des Himmels und der Wellen so etwas wie Glück erleben.

1: Das Dorf Kanlıca am asiatischen Bosporusufer ist für seinen Joghurt berühmt, der in den Cafés um den Fähranleger und auch auf den Schiffen selbst verkauft wird.

2: Blick vom Schiff auf Rumeli Kavağı, der letzten Anlaufstelle des Dampfers auf der europäischen Seite

Tipp: Von Eminönü – die Ablegestelle befindet sich in der Nähe des Marinemuseums (Deniz Müzesi) – legen regelmäßig Fähren nach Kanlıca ab. (1)

GPS: 41° 5' 50" N, 29° 3' 53" O

53 Yalıs am Bosporus

Wenn einen früher ein Istanbulliebhaber wehmütig auf eine der hölzernen Sommervillen am Bosporus oder den Prinzeninseln hinwies, wunderte man sich vielleicht, da man ja nicht ahnen konnte, dass die verwitterte halbverfallene Ruine einst „farbenprächtig wie ein Papageienkäfig" gewesen war (wie es ein früher Reisender schilderte). Dank des ungezähmten Wachstums des türkischen Wirtschaftswunders der letzten Jahre und „brandbeschleunigter" Bauspekulation sind diese kostbaren Zeugen der osmanischen Architektur heute noch seltener geworden als damals. Doch zumindest hat sich auch ein gewisses Bewusstsein für ihren Wert und ihre Schönheit entwickelt. Die ältesten und bekanntesten wie die 1699 erbaute Amcazade-Villa nördlich der anatolischen Festung oder die Sadullah-Paşa-Villa aus der zweiten Hälfte des 18. Jahrhunderts bei Çengelköy wurden inzwischen dokumentiert und erforscht. Die wenigen verbliebenen echten Yalıs werden zu interessanten Restaurationsobjekten für Leute, die sich entweder ein altes und teures Sommerhaus leisten können (wie der mächtigste türkische Unternehmer Rahmi Koç) oder aber in historische Häuser investieren, um Hotel- oder Restaurantprojekte zu realisieren. Ja, inzwischen erlebt das Holzhaus (als Neubau) sogar ein Comeback – allerdings in der Regel als Stahlbetonbau mit Holzverkleidung, was jedoch ihren ahnungslosen Eigentümern meist nicht einmal bewusst ist.

3: In Arnavutköy auf der europäischen Seite des Bosporus sind viele der Yalıs eher schlicht – entsprechend dem Status ihrer ersten Bewohner, die albanische Einwanderer waren.

Aufnahmen und fotogrammetrische Auswertung zweier Strandvillen unter:
www.isprs.org/proceedings/XXIII/congress/part5/16_XXIII-B5.pdf

GPS: 41° 2' 46" N, 29° 2' 0" O

54 Bosporusbrücken

Seit 1973 kreuzt die elegante Bosporusbrücke (Bogazici Köprüsü oder Erste Bosporusbrücke) hinter Ortaköy den Bosporus und verband damals zum ersten Mal das europäische mit dem asiatischen Ufer. Pläne, die strategisch so bedeutsame Meerenge zu überwinden, hatte es allerdings schon viel früher gegeben. Angeblich hat bereits der persische Großkönig Dareios im Jahr 512 v. Chr. bei seiner Kampagne gegen die Skythen eine Schiffsbrücke über den Bosporus gebildet. Später soll Leonardo da Vinci von einer solchen Tat geträumt, sie aber ebenso wenig umgesetzt haben wie seine Pläne für die Galatabrücke. Das elegante Brückenbauwerk mit einer Spannweite von 1074 Metern und sechs Fahrbahnen, das, von zwei mächtigen 165 Meter hohen Pylonen getragen, den Bosporus in 64 Meter Höhe über dem Wasserspiegel überspannt, wurde zwischen 1970 und 1973 von einer deutsch-britischen Unternehmenskooperation realisiert. Zur Zeit der Eröffnung war es eine der längsten Hängebrücken der Welt, und mehr als 100 000 Fahrzeuge wechselten hier täglich den Kontinent. Trotzdem war sie schon bald überlastet, und eine zweite Brücke, die Fatih-Sultan-Mehmet-Brücke wurde nötig, die 1985 bis 1988 von einem japanisch-italienisch-türkischen Konsortium gestemmt wurde. Etwas kürzer als die erste, ist sie dafür acht Fahrbahnen breit. Dennoch scheint auch die inzwischen erreichte Kapazität von 350 000 Überquerungen nicht ausreichend, und die nächste Brücke befindet sich bereits in Planung.

1: Die Bosporusbrücke (auch Erste Bosporusbrücke genannt) verbindet seit 1973 nicht nur die Stadtteile Ortaköy und Beylerbeyi, sondern die ganze europäische und asiatische Seite der Stadt.

2: Die Fatih-Sultan-Mehmet- (oder Zweite Bosporus-)Brücke wurde 1988 fertiggestellt und überquert etwa fünf Kilometer nördlich der ersten Brücke den Bosporus.

structurae.de/bauwerke/bosporus-bruecke (1)
structurae.de/bauwerke/fatih-sultan-mehmet-bruecke

1

2

GPS: 41° 5' 5" N, 29° 3' 22" O

55 Rumeli Hisarı

Genau dort, wo der Bosporus seine engste Stelle hat, ließ Sultan Mehmet II. 1451/52 noch vor seiner Eroberung Konstantinopels in nur vier Monaten die Europäische Festung Rumeli Hisarı errichten. Sie und ihr asiatisches Gegenstück Anadolu Hisarı auf der anderen Bosporusseite sollten es ihm ermöglichen, die Kontrolle über die Meerenge zu erlangen, die bis dahin von genuesischen und venezianischen Schiffen ungehindert passiert werden konnte. Nach der Eroberung verlor die Burg ihre strategische Bedeutung und wurde danach häufig als Gefängnis benutzt. Die sich den Hang hinaufziehende 30 000 Quadratmeter große Rumelische Festung besteht aus drei großen und einem Dutzend kleinerer Türme. Von den bis zu sieben Meter dicken Festungsmauern hat man einen herrlichen Blick auf den Bosporus und die Fatih-Sultan-Mehmet-Brücke. Im Innern gibt es außer den Resten einer Zisterne und einer Moschee vor allem eine Bühne, auf der im Sommer berühmte türkische Musiker auftreten.

1: Rumeli Hisarı im Stadtteil Sarıyer am Bosporus
2: Die Europäische Festung (Rumeli Hisarı) mit dem Saruca-Paşa-Turm

Rumeli Hisarı Müzesi, Yenidoğan Mh., Yahya Kemal Caddesi 42, İstanbul
Telefon: +90 212 263 53 05
geöffnet Donnerstag bis Dienstag 9 bis 16.30 Uhr

GPS: 41° 6' 30" N, 29° 3' 10" O

56 Emirgan-Park

Der nach Emir Khan, einem persischen Prinzen und Gast Sultan Murads IV. (1623–1640), benannte Emirgan gehört zu den schönsten Abschnitten am Bosporus. Berühmt ist die Gegend heute vor allem wegen des Emirgan-Parks, einem Landschaftspark im englischen Stil mit Spazierwegen und Picknickplätzen und mit drei hervorragend restaurierten historischen Pavillons, dem Pembe (rosa), Beyaz (weißen) und Sarı (gelben) Köşk. Touristisch interessant ist vor allem der gelbe Pavillon, ein altes Holzhaus im Chalet-Stil mit bemalten Decken. Im rosa Kiosk ist ein Café untergebracht, im klassizistischen weißen werden gelegentlich Musikaufführungen veranstaltet. Außerdem findet hier alljährlich im April das Internationale Tulpenfestival statt.

1: Tulpen und Traubenhyazinthen während des Tulpenfestivals
2: Tulpenbeete vor dem gelben Kiosk (Sarı Köşk)
3: Restaurant im Emirgan-Park
4: Tulpenbeete und Musiker-Skulptur

Emirgan Mahallesi, 34467 İstanbul
Telefon: +90 212 277 57 82

3

4

DIE ASIATISCHE SEITE DES BOSPORUS

Wer genug hat von den Touristenmassen, sollte die „Furt der Kuh“ (sprich den Bosporus) überqueren und der asiatischen Seite der Stadt einen Besuch abstatten. Alle 15 Minuten legen ab sechs Uhr morgens von Eminönü und Beşiktaş Fähren nach Asien ab, und in kaum 20 Minuten hat man Üsküdar oder in 30 Kadıköy erreicht (und umgekehrt). Wobei allein die Überfahrt, eingetaucht in den morgendlichen oder abendlichen Pendlerstrom, umhüllt vom Geschrei der Möwen, der Verkäufer, seinen Çay schlürfend wie ein Türke, den Blick auf den Leanderturm, Haydarpaşa, die Prinzeninseln oder das Panorama der Stadt gerichtet – ein unbezahlbares Erlebnis ist. Oder: „Mehr Istanbulfeeling für so wenig Geld ist kaum zu haben“, wie die Journalistin Barbara Schaefer schwärmte.

Als Goldstadt (Chrysopolis) vor etwa 2700 Jahren gegründet, war Üsküdar zunächst der Hafen des bedeutenderen Chalkedon. Als der Schwerpunkt der Stadt unter Konstantin auf die europäische Seite wanderte, konnte Üsküdar (das die Europäer Skutari nannten) seine Bedeutung als Handelszentrum behaupten, denn auch unter den Osmanen blieb es Endpunkt der östlichen Handels- und Karawanenwege. Ebenso, wie es zum Sammelort und Ausgangspunkt der alljährlichen Pilgerfahrt nach Mekka wurde. Viele Moscheen wie die Çinili oder Mihrimah Sultan und der malerisch verwilderte, größte türkische Friedhof Karaca Ahmet mit wohl einer Million Gräbern erinnern an diese Zeiten. Denn nicht nur jedem muslimischen Händler, sondern jedem Rechtgläubigen war der asiatische Boden (als Kontinent

Asiatische Impressionen: Blick von Üsküdar auf den Leanderturm (oben) und, von links nach rechts: die Inneneinrichtung der Şakirin-Moschee in Üsküdar, die von Zeynep Fadillioğlu entworfen wurde; Pferdekutsche vor Yalı auf Büyükada, Prinzeninseln; Innendekor der Fayencenmoschee in Üsküdar.

Die moderne Şakirin-Moschee

Auf den Prinzeninseln

Fayencenmoschee

des Propheten) ungleich heiliger als der europäische. Weswegen man hier besonders viele Gotteshäuser errichtete und hier begraben sein wollte. Und das noch vor 40 Jahren als ausgesprochen orientalisch beschriebene Üsküdar blieb trotz all der auch hier unübersehbaren Veränderungen beschaulich und konservativ.

Ganz anders Kadıköy. Kadıköy, das fast schon 2700 Jahre zählende Chalkedon, ist jung und quirlig. In Kadıköy wirkt Asien europäischer und moderner als das Europa von Sultanahmet und Beyoğlu. Denn in den Straßen und Cafés von Moda und am Hafen pflegt man einen sehr westlichen, toleranten, intellektuell angehauchten Lebensstil; Frauen können sich hier durchaus allein in eine Bar wagen, händchenhaltende Paare sind kein seltener Anblick. Die Bağdat Caddesi, der Istanbuler Ku'damm, versammelt internationale Marken von Burberry bis Louis Vuitton und muss den Vergleich mit London und Paris nicht scheuen. In den preisgekrönten Restaurants Çiya Sofrası und Çiya Kebap kann man bei Musa Dağdeviren exzellentes Slow Food genießen.

ELEGANZ AUF DEN PRINZENINSELN

Auch auf der asiatischen Seite des Bosporus suchten Sultan und osmanische Elite einst Zuflucht vor der Augusthitze, beispielsweise im Beylerbeyi-Palast, vor allem jedoch auf den Prinzeninseln, die ab 1846 in kürzester Zeit von reichen Osmanen erschlossen wurden, die hier ihre eleganten weißen Yalıs errichteten und bis heute das – dank Autoverbot – langsamere und schönere Leben genießen.

GPS: 40° 59' 46" N, 29° 1' 7" O

57 Bahnhof Haydarpaşa

Vom 1908 fertiggestellten Bahnhof Haydarpaşa fuhren mehr als 100 Jahre lang Züge nach Osten. Auf der asiatischen Seite der Stadt gelegen, war er neben Sirkeci auf der europäischen Seite der zweite große Bahnhof Istanbuls.

Der von der Firma Philipp Holzmann nach Plänen der deutschen Architekten Otto Ritter von Kühlmann und Helmuth Cuno im neoklassizistischen Stil errichtete Kopfbahnhof sieht aus wie ein Wasserschloss und war ein Geschenk des deutschen Kaisers Wilhelm II. an den Sultan. Nach zwei Jahren Bauzeit am 16. August 1908 eingeweiht, wurde er in der Folge Ausgangspunkt der Anatolischen Eisenbahn und der Bagdadbahn, das heißt der Verbindung in die syrischen und irakischen Provinzen des Osmanischen Reiches wie auch in den Hedschas.

Heute ist Haydarpaşa nur noch eine Zwischenstation verschiedener Bosporusfähren sowie die Endstation der östlichen Linie der Istanbuler S-Bahn (Banliyö Trenleri).

2010 kam es bei Reparaturarbeiten zu einem Brand, bei dem das Dach und die oberste Etage zerstört wurden. Anschließend wurde das Dach nur noch notdürftig geflickt, da der Haydarpaşa Garı nach der Fertigstellung des Marmaray-Projekts (der Untertunnelung des Bosporus) in diesem Jahr sowieso funktionslos ist und vielleicht in eine Shoppingmall verwandelt wird.

1: Die Empfangshalle des Haydarpaşa Garı
2: Historische Dampflok vor der Neorenaissance-Fassade des Bahnhofs Haydarpaşa

Kadıköy İskelesi Karşısı, Haydarpaşa, Kadıköy, İstanbul
Telefon: +90 216 348 80 20

GPS: 41° 1' 33" N, 29° 0' 35" O

58 Mimar Sinan Çarşısı

Der Mimar-Sinan-Markt, zuweilen auch Sinan Hamam Çarşısı (also etwa: Sinan-Bad-Markt) genannt, heißt so, weil es sich dabei um ein altes Doppel-Hamam handelt – an seinen Kuppeln leicht als Bad zu erkennen –, in dem heute ein kleiner Basar untergebracht ist. Erbaut hat es kein geringerer als der geniale Meisterarchitekt Sinan, dessen erstes Bad es gewesen sein soll. Und seine Auftraggeberin war die Sultansmutter Nurbanu, eine Venezianerin, die es in den Zeiten der sogenannten „Weiberherrschaft" als erste geschafft hatte, von der Sklavin zur Sultansmutter aufzusteigen. Nachdem Teile des Baus der Straßenerweiterung zum Opfer gefallen waren, ließ ein Geschäftsmann das Hamam zwischen 1962 und 1966 renovieren, um es zu einer Markthalle umzufunktionieren.

3: Der Mimar-Sinan-Markt in Üsküdar mit seinen mit Flaschenböden durchfensterten Kuppeldächern

Mimar Sinan Çarşısı, Mimarsinan Mahallesi, Hakimiyet Milliye Caddesi, 34664 Üsküdar, İstanbul

3

GPS: 40° 52' N, 29° 5' O

59 Prinzeninseln

Die schönste Sommerfrische der Istanbuler liegt praktisch gleich vor ihrer Haustür. Nur eine Stunde mit dem Schiff dauert die Fahrt zu den Adalar, den Inseln, wie die Türken die (neun) Prinzeninseln nahe der asiatischen Küste nennen, die sich durch grandiose Natur auszeichnen und von denen bis heute lediglich fünf bewohnt und nur vier regelmäßig mit dem Schiff zu erreichen sind. Ihren hübschen Namen verdanken sie allerdings völlig anderen Zeiten, einer Epoche, als unerwünschte byzantinische Prinzen hierher verbannt wurden, gerne vorher noch von der eigenen Mutter geblendet, und man machtgierige Kaiserinnen in Klöster entsorgte. Dies allerdings ist lange vorbei. In osmanischer Zeit begannen reiche Familien – vor allem sephardische Juden, Griechen und Armenier –, sich hier weiße Holzvillen zu bauen, um nahe der Großstadt den Sommer zu genießen. Und als dann 1846 die Dampfschifffahrt begann, waren die Inseln binnen kurzem erschlossen.

1: Burgazada ist die drittgrößte der Prinzeninseln und Schauplatz vieler Geschichten des türkischen Schriftstellers Sait Faik, der hier lebte.

2: Büyükada, die größte der Prinzeninseln, ist ein beliebter Erholungsort für die Istanbuler, wo man sich außer zu Fuß nur per Kutsche, Fahrrad oder Reitesel fortbewegen kann.

Tipp: Wer heute die Inseln besucht, sollte unbedingt über Nacht bleiben, um etwa auf der autofreien Büyüdada (der großen Insel) einmal der Stille und dem Pferdegetrappel nachzulauschen, wenn die Tagesausflügler endlich abgefahren sind.

1

2

GPS: 41° 1' 16" N, 29° 0' 15" O

Leanderturm 60

Der Name Leanderturm dieses Istanbuler Wahrzeichens geht auf einen antiken Mythos zurück, dem zufolge Leander aus Abydos allnächtlich den Hellespont durchschwamm, um sich mit seiner Geliebten Hero zu vereinen. Als Heros Lampe, die sie ihm als Wegweiser angezündet hatte, erlosch, irrte er ab und ertrank, worauf sich Hero, die ihn am Morgen entdeckte, von einer Klippe stürzte. Nun ist der Hellespont nicht der Bosporus, was aber die philhellenischen Namensgeber bis heute kaltlässt. Die Türken allerdings können den Leuchtturm aus dem 18. Jahrhundert, der 180 Meter vor Üsküdar auf einem Inselchen liegt, nachvollziehbarerweise nicht so nennen. Für sie heißt er Kız Kulesi, Mädchenturm, und die Geschichte dazu geht so: Einer Prinzessin hatte ein Wahrsager den Tod durch Gift vorausgesagt, woraufhin ihr Vater sie in den Turm einsperrte. Was ihr nichts half, denn in einem von ihrem Liebhaber zu ihr geschickten Obstkorb hatte sich eine Schlange versteckt, von der sie gebissen und getötet wurde.

3: Von der Ufertreppe in Üsküdar hat man den besten Blick auf den Sonnenuntergang und den Leanderturm.

4: Der legendenumrankte Leander- oder Mädchenturm ist heute ein touristisches Ausflugsziel, das sich nachts in ein Luxusrestaurant verwandelt.

3

4

Kız Kulesi, Transfer Salacak (oder Kabataş) – Kız Kulesi (und zurück) täglich 9 bis 18.45 Uhr; abends Pendelverkehr zwischen 20.15 und 0.30 Uhr

Telefon: +90 216 342 47 47

GPS: 41° 0' 47" N, 29° 1' 27" O

61 Şakirin-Moschee

Auf der asiatischen Seite Istanbuls in Üsküdar entstand vor sechs Jahren die erste und einzige Moschee der Türkei, deren Innendekor von einer Frau entworfen wurde. Zeynep Fadıllıoğlu, 1955 in Istanbul geboren, gelernte Kunsthistorikerin und Innenarchitektin, machte sich international einen Namen, indem sie mit ihrem Design-Büro Projekte von London bis Dubai realisierte, Istanbuler Restaurants und Luxushotels entwarf, eine Villa in Berlin Grunewald umbaute und den türkischen Staatspräsidenten Abdullah Gül beriet. Für die Inneneinrichtung der Moschee aber holte sie sich – obwohl selbst gläubige Muslima – Rat bei Islamwissenschaftlern, und sie verwandte völlig ungewohnte Materialien wie Plexi- oder Acrylglas und setzte Leuchtdioden ein; ihr Balkon für die Frauen ist hell und geräumig und der Eingangsbereich breiter als üblich, um einladender zu wirken.

Auftraggeber der Moschee waren die Şakirs, eine wohlhabende türkisch-arabische Familie aus London, die die Moschee zu Ehren ihrer Eltern erbauten und sich den Standort am Eingang des Karacaahmet-Friedhofs in Üsküdar bewusst ausgesucht hatten; denn Semiha Şakir, ihre Mutter, liegt hier begraben. Der Architekt der Moschee Hüsrev Tayla zeigte sich in einem Interview wenig begeistert, bei den Gläubigen und der Presse dagegen kam die feminine Moschee bestens an, und Fadıllıoğlu erhielt bereits ein Angebot für die Gestaltung der nächsten Moschee.

1: Der prominente türkische Architekt Hüsrev Tayla hat das Moscheegebäude der Şakirin Cami mit der eleganten Kuppel entworfen.
2: Der lichtdurchflutete Gebetsraum der Şakirin-Moschee mit dem Mihrab in Form eines türkischen Tors und dem Minbar aus Acryl

Şakirin Cami, Barbaros Mahallesi, 34662 Üsküdar, İstanbul

1

2

GPS: 41° 1' 12" N, 29° 1' 44" O

62 Çinili Cami

Diese ebenfalls sehr weiblich wirkende Moschee verdankt ihren Namen dem exquisiten Innendekor aus Iznik-Fayencen, denn das türkische çinili bedeutet „gekachelt, mit Tonfliesen ausgelegt". Gestiftet wurde sie von Kösem Mahpeyker, der Frau Sultan Ahmeds I. (1603–1617), Mutter der Sultane Murad IV. (1623–1640) und Ibrahim (1640–1648) und Großmutter Mehmeds IV. 1589 oder 1590 als Tochter eines orthodoxen Priesters auf Tinos geboren, wurde sie vom osmanischen Gouverneur von Bosnien an den osmanischen Hof verschenkt, wo sie es zur Favoritin Ahmeds I. brachte. Den Beinamen Kösem („haarlos") verdankte sie ihrer „weichen, haarlosen Haut"; sie übte gewaltigen politischen Einfluss aus, gelangte zu erheblichem Reichtum und gilt als womöglich faszinierendste Frau der osmanischen Geschichte. 1651 wurde sie auf Betreiben ihrer Schwiegertochter Turhan Hatice Sultan (ihrer einstigen Sklavin) erdrosselt.

3: Der Innenraum der Çinili-Moschee ist mit Fayencen aus Iznik ausgeschmückt.

Çinili Cami, Valide-i Atik Mahallesi, Çinili Mescid Sok. 2, 34662 Üsküdar, İstanbul

täglich geöffnet außerhalb der Gebetszeiten

www.howtoistanbul.com/en/the-cinili-mosque/2525

GPS: 41° 2' 34" N, 29° 2' 24" O

63 Beylerbeyi-Palast

Beylerbeyi, Herr der Herren, heißt der Stadtteil am asiatischen Ende der ersten Bosporusbrücke, so benannt nach einem hohen Regierungsbeamten namens Mehmed Paşa, der als Generalgouverneur eines größeren Gebiets diesen Titel trug und im 16. Jahrhundert hier eine Villa bewohnte. Später wurde das Land dem Sultan zugeschlagen, und schließlich ließ Abdülaziz Mitte des 19. Jahrhunderts vom berühmtesten Architekten der Epoche, Sarkis Balyan, und seinen Brüdern den Beylerbeyi-Palast errichten. 1865 vollendet, wurde der Palast zur Sommerresidenz der Sultansfamilie und beherbergte auch häufig ausländische Gäste.

Im Vergleich zu den Bauwerken aus der Zeit Abdülmecids (etwa Dolmabahçe) erscheint er in seinem äußeren Erscheinungsbild wesentlich schlichter. In einem einheitlichen Neorenaissance-Stil erbaut, ist er um einen zentralen Durchgangsraum angelegt, der die Regierungsräume von den Privatgemächern trennt.

Bemerkenswert ist hier der Innenraum, dessen reiche Ausschmückung im Kontrast zur Nüchternheit des Äußeren steht. Vor allem der Prunk der seitlichen Zentralräume mit spanisch-maurischen Dekorformen und großen geometrischen Arabesken an den Decken ist ein frühes Beispiel des osmanischen Orientalismus. Heute ist in dem stattlichen Bau ein Museum untergebracht, das vor allem wegen dieser prunkvollen Innenräume einen Besuch lohnt.

1: Beylerbeyi-Palast, Fassade auf der Meerseite. Auch wenn Beylerbeyi nur als Sommerresidenz konzipiert war, ist er – wegen des vorhandenen Haremstrakts – auch für längere Aufenthalte geeignet. Hier handelt es sich um einen kompletten kleinen Palast, dessen mittlerer Teil die öffentlichen Räume von den privaten trennt – wobei die Fassaden beider identisch sind.

Beylerbeyi Sarayı, Beylerbeyi Mahallesi, 34676 İstanbul
Telefon: +90 216 321 93 20
geöffnet täglich außer Montag und Donnerstag 9 bis 17 Uhr

GPS: 41° 1' 40" N, 29° 4' 7" O

64 Büyük Çamlıca

Mit 267 Metern ist dieser Hügel oberhalb Üsküdars der höchste der Stadt. Selbst von der europäischen Seite ist er leicht an dem Wald von Rundfunk- und Fernsehmasten auf der Kuppe zu erkennen. Dennoch lohnt sich ein Ausflug, denn die Sicht ist bei klarem Wetter fantastisch. Vom Park am Gipfel des Hügels kann man die ganze Stadt sehen, ein bis an den Horizont reichendes Häusermeer. Im Süden geht der Blick bis zu den Prinzeninseln, im Norden über den Bosporus hinweg bis ans Schwarze Meer. Im Teegarten (es gibt hier eine vollausgebaute touristische Infrastruktur) sitzen Familien im Schatten der Bäume und lassen sich von der leichten Brise fächeln. Ob es so idyllisch bleiben wird, weiß keiner, denn schon bald soll sich hier eine Moschee der Superlative erheben mit den höchsten Minaretten (107,5 Meter) – ein Lieblingsprojekt des Staatspräsidenten Erdoğan, das am 1. Juli 2016 eröffnet werden soll und in dem säkulare Türken einen weiteren Schritt in Richtung Islamisierung sehen.

1: Blick vom Büyük Çamlıca über den Bosporus
2: Tulpenbeete im Park des Büyük Çamlıca
3: Restaurant im Büyük-Çamlıca-Park

3

Çamlıca Tepesi, Touristik Çamlıca Caddesi, 34692 İstanbul

Vom Fähranleger Üsküdar oder Kadıköy in 15 Minuten mit dem Taxi zu erreichen.

1

2

GPS: 41° 10' 43" N, 29° 5' 42" O

65 Yoros Kalesi

Die Yoros-Burg, beziehungsweise das darunterliegende Dorf Anadolu Kavağı am asiatischen Ufer ist die letzte Anlegestelle der von Istanbul den Bosporus hinauffahrenden Ausflugschiffe, denn dahinter beginnt militärisches Sperrgebiet. Der Name der Burg weist auf einen griechischen Ursprung hin und könnte von oros (Berg) oder hieron (heiliger Ort) herrühren, zumal griechische Kolonisten der Antike hier auf dem Hügel einen Zeustempel errichtet hatten. Die halb verfallene Burg selbst, die einst aus groben Steinquadern und gebrannten Ziegeln errichtet wurde, wird zwar mit den Genuesen in Verbindung gebracht, ihre Geschichte ist jedoch weitgehend unbekannt. Wahrscheinlich wurde sie bereits unter Michael VIII. Palaiologos erbaut, um die Meerenge zu überwachen. Um 1350 soll sie dann von den Genuesen besetzt worden und schließlich Mitte des 15. Jahrhunderts in die Hände der Osmanen gefallen sein.

Später, als sich die Osmanen von ihren nördlichen Nachbarn bedroht fühlten, spielte sie noch einmal eine Rolle. So ließ Sultan Murad (1623–1640), als er mit den Kosaken im Krieg lag, auf beiden Seiten des Bosporus die Burganlagen von Yoros bei Anadolu Kavağı sowie die gegenüberliegende Rumeli Kavağı mit 20 Meter hohen Türmen verstärken.

Heute jedoch ist der weite Blick auf die Mündung des Schwarzen Meers, der einst militärischer Kontrolle und Sicherheit diente, nur noch herrlich und purer Selbstzweck. Und dreht man sich um, kann man in der Ferne die Skyline Istanbuls erkennen.

4: Blick von der Bosporusfähre auf die genuesische Festung Yoros
5: Zwillingstürme der genuesischen Festung Yoros Kalesi bei Anadolu Kavağı

Yoros Kalesi, Anadolu Kavağı, Beykoz, İstanbul

Tipp: Eine Pause einlegen in Anadolu Kavağı in einem der vielen kleinen Restaurants und Cafés, die am Hang liegen – herrlicher Ausblick inklusive.

GPS: 41° 10' N, 29° 8' O

66 Villen in Beykoz

Der Stadtteil Beykoz auf der asiatischen Seite des Bosporus ist eine der letzten grünen Lungen Istanbuls. Nirgendwo gibt es so viel Wald, nirgends so viele Villen. Zu den Sehenswürdigkeiten des Städtchens und des Bezirks gehören neben dem ägyptischen Turm Abbas' II. und der Burganlage Anadolu Hisarı vor allem auch Polonezköy, ein Polendorf, das nach dem Krimkrieg 1856 nicht mehr zurückkehrende polnische und böhmische Soldaten gründeten, deren Nachkommen ihre Lebensweise bis heute beibehielten – falls sie nicht demnächst vor den Touristenströmen kapitulieren.

Zur gleichen Zeit entstand am asiatischen Ufer, in der großen Wiesenlandschaft an der Mündung des Göksu-Baches ein Vergnügungspavillon, der als Küçüksu bekannt ist. Göksu („Himmelswasser") und Küçüksu („Kleines Wasser") jedoch waren und sind genau jene legendären „süßen Wasser Asiens", an denen schon die Haremsdamen so gerne picknickten. Bereits Mahmud I. hatte dort 1752 einen Pavillon aus Holz errichtet, den Abdühlmecid nun von Nikoğos Balyan durch ein zweistöckiges Gebäude aus weißem Marmor ersetzen ließ. Ähnlich wie der Lindenpavillon entsprach er in Inneneinrichtung und Möblierung ganz dem westlichen Geschmack jener Zeit. Und obwohl der traditionelle Grundriss osmanischer Lustschlösschen beibehalten wurde, bestimmen Elemente, die der osmanischen Architektur fremd sind, den Charakter des Gebäudes.

1: Küçüksu-Palast. Die auf der Bosporusseite neben dem Eingang vorspringenden Räume rahmen eine monumentale Treppe ein, die um einen Brunnen mit Wasserbecken herumläuft. Die anderen drei Seiten besitzen Balkone und eine Terrasse. Einerseits ist dieses Bauen sehr unosmanisch – andererseits in seinem Streben nach Synthese zwischen Westlichem und Orientalischem typisch für die Architektendynastie Balyan.

Zahlreiche Fotos des ägyptischen Turms:
www.hidivkasri.com
Viele Detailaufnahmen von Küçüksu:
www.pbase.com/dosseman/kucuksu
Die Internetpräsenz von Polonezköy:
www.polonezkoy.com

Register

KURTULUŞ
TAKSIM
ŞIŞLI
KASIMPAŞA
TEPEBAŞI
KABATAŞ
BEYOĞLU
GALATASARAY
TOPHANE
ŞIŞHANE
KARAKÖY
ÇARŞAMBA
Haliç (Goldenes Horn)
Bosporus
SARAYBURNU
SIRKECI
CAĞALOGLU
EMINÖNU
BEYAZIT
SULTANAHMET
ÇATLADIKAPI
KUMKAPI
Marmarameer
Taksim Meydanı
Eminönü Meydanı
Karaköy Meydanı
Atatürk Köprüsü
Galata Köprüsü
Gülhane Park
Hasan Paşa Park
Taksim Park
Kulaksiz Mezarliği
Zindanarkas Mezarliği
300 m

Impressum

BUCHGESTALTUNG
SILBERWALD
Agentur für visuelle Kommunikation, Rimpar

KARTE
Fischer Kartografie, Aichach

Printed in Italy
Repro: Artilitho snc, Lavis-Trento, Italien
www.artilitho.com
Druck/Verarbeitung: Grafiche Stella Srl, Verona, Italien
www.grafichestella.it

ISBN 978-3-8003-4911-1

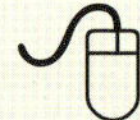

Der rote Teppich liegt in der Fatih-Moschee im gleichnamigen Istanbuler Stadtteil. Beide sind sie nach dem Eroberer Konstantinopels Sultan Mehmed II. Fatih benannt, der auch in dem von ihm erbauten Moscheekomplex beigesetzt ist.